# EXERCICES
## GRAMMAIRE EXPLICATIVE DE L'ANGLAIS

*Deuxième édition*

Ruth HUART
Paul LARREYA
Emmanuelle MATHIOT

*Cet ouvrage vient en complément de :*
**Grammaire explicative de l'anglais**
*Troisième édition*

L'ouvrage original a été conçu sous la direction de Lionel Guierre.

**Pearson Education France**
*47 bis, rue des Vinaigriers*
*75010 Paris*



ISBN : 978-2-7440-7062-4

# SOMMAIRE

# PRÉFACE

Comme la précédente, la présente édition de cet ouvrage s'adresse aux étudiants des classes préparatoires et des universités (années de licence et niveaux plus avancés). Les exercices s'appuient sur la *Grammaire explicative de l'anglais*, parue dans la même série (les renvois ➤ *Grammaire* font référence à celle-ci), mais peuvent également être pratiqués de manière indépendante. Chaque section comporte une partie « Révision » pour faire le point sur les acquis des différents chapitres abordés.

L'ouvrage contient deux types d'exercices (dont la moitié, marqués du signe ©, sont corrigés) :

1. Des exercices dont le point de départ et le point d'arrivée sont des formes de l'anglais : énoncés à modifier, à compléter, à construire, etc. Leur nombre a été augmenté par rapport à l'édition précédente. Ils ont pour objectif d'entraîner l'étudiant à la manipulation d'une grande variété de formes et de structures.

2. Des thèmes grammaticaux qui permettent de travailler sur les différences de fonctionnement entre les deux langues.

Dans les deux cas, le but est d'aider l'étudiant à améliorer sa compétence dans l'utilisation pratique de la langue anglaise par une approche raisonnée des formes et du sens.

On sait que l'un des obstacles principaux à l'acquisition d'une langue étrangère est la tendance à utiliser pour la langue « cible » les structures de la langue maternelle, dans les cas où les deux structures diffèrent. Les exercices proposés ici ont été conçus pour aider l'étudiant à franchir cet obstacle. Lorsqu'ils utilisent comme point de départ les formes de l'anglais, ils sollicitent une réflexion sur les structures grammaticales, et visent à mettre en place une pratique raisonnée. Quant aux thèmes grammaticaux, ils permettent rarement une traduction terme à terme. Même si l'apprenant commence par penser en français (ce qui après tout est parfaitement normal), il apprendra à éviter le *calque*, et il prendra peu à peu l'habitude de traduire non pas des mots mais du sens.

Le vocabulaire pose inévitablement un problème dans un recueil d'exercices grammaticaux. Les difficultés d'ordre lexical ne doivent pas constituer un écran qui empêche l'étudiant de consacrer l'essentiel de son attention aux difficultés d'ordre grammatical. Inversement, on ne peut simplifier ou réduire le vocabulaire sans que cela donne aux exercices un caractère totalement artificiel. Nous avons fait le choix d'associer la pratique des structures grammaticales à celle d'un vocabulaire assez riche et varié appartenant à la langue contemporaine courante, mais, dans de nombreux cas, nous avons indiqué, à l'intérieur même des exercices, la traduction des mots susceptibles de poser un problème. Il va cependant de soi que ces indications ne permettront pas de résoudre toutes les difficultés de vocabulaire ; il est donc conseillé à l'étudiant de ne pas hésiter à se servir d'un dictionnaire pour faire les exercices ou pour les préparer.

Les corrigés proposent des solutions immédiatement utilisables pour un niveau moyen. Ils offrent cependant souvent plusieurs solutions, ce qui habituera les étudiants à concevoir le passage d'une langue à l'autre autrement que comme une opération automatique. Sauf pour des phrases très simples, la traduction proposée n'est jamais la seule possible, et il se peut que l'utilisateur trouve des solutions tout aussi valables que les nôtres. Les étudiants auront toujours intérêt à soumettre leurs solutions à leurs enseignants, ce qui pourra enrichir encore les possibilités, particulièrement à un niveau avancé.

On constatera que le volume des exercices contenus dans l'ouvrage dépasse très largement ce qu'un étudiant moyen peut faire au cours d'une année universitaire. On verra aussi que certaines questions, particulièrement riches en sources d'erreurs pour les francophones, ont fait l'objet d'exercices longs et/ou nombreux. Cette abondance est délibérée. Elle a été dictée par le souci d'offrir aux utilisateurs une grande possibilité de choix et de variété.

**Les auteurs**

# SECTION 1

## Assertion, question, négation

➤ *Grammaire* chapitres 2, 3, 19.4.2, 20

## 1. Auxiliaires et verbes (➤ *Grammaire* chapitre 2)

### A. Les éléments verbaux. Trouvez le groupe verbal dans chaque phrase et identifiez les éléments qui le composent.

Exemple : *Ken would have noticed it.* WILL + -ED, HAVE + -EN, *verb* NOTICE

1. I'm so pleased to meet you. Jane has often mentioned her mother's old school friend.
2. I suppose he could have been joking, but it didn't sound like it.
3. She said she was radically opposed to the project, but she has been remarkably active in implementing it.
4. Just think! If your car hadn't broken down that day, we might never have met.
5. 'The museum is being renovated. We can't go.' 'It has been being renovated for as long as I can remember. It should be reopening one of these days.'
6. He can hardly have been expected to take in everything she said. After all, he has only been studying English for a few months.

### B. Rétablissez les formes pleines et traduisez ensuite les phrases en français.

1. If he'd told me the price, I'd've brought more money.
2. If you'd tell me a little more, I'd be grateful.
3. She's left, but she may call later.
4. Judy's a cold and Phil's moody.
5. Obviously, she's the right person to talk about it.
6. She's the right to a career, just like her husband.
7. The car's being serviced, you can't use it today.
8. The car's been serviced, we can take that trip south.
9. He'd be surprised if the plan succeeded.
10. He'd been surprised by the violence of the reactions.
11. Phil's being stubborn, he won't listen to a word I say.
12. Phil's been stubborn, and the talks have failed.

## C. Remettez les auxiliaires et le verbe dans l'ordre, à la forme qui convient. Il peut être nécessaire d'utiliser le passif.

1. The waitress (not hear, *may / have*) your order clearly; you (speak, *might / be / have*) too softly.
2. Where that child (hide, *be / have / can*) all this time? The others gave up the search long ago.
3. You (not tell, *have / should*) that detective anything; he (work, *be / could*) for terrorists.
4. Our team (win, *could / have*) easily if the goalkeeper (not chat, *be / have*) with the fullback just then.
5. Why you (not join, *will / be*) your friends this one last time?
6. Mr Winston (tell, *be / have*) that he will get no treatment until he stops smoking.
7. Since the entrance door was locked, the burglars (get in, *have / must*) through the bathroom window.
8. Fortunately there was very little traffic, otherwise the child (run over, *might / be / have*).

## ● D. Formes négatives / interrogatives. Traduisez.

1. N'est-elle pas la présidente de votre association ?
2. Que dit le chef de l'opposition sur la situation économique actuelle ?
3. Philippe pourrait vous donner la réponse. Vous n'avez pas essayé de lui téléphoner ?
4. Ne suis-je pas la première personne concernée par ce problème, après tout ?
5. Qu'est-ce qui vous intéresse ?
6. Que signifie ce sourire ? Et que cache votre silence ?
7. Qui pense qu'il est préférable d'ajourner la réunion ?
8. Votre frère n'a-t-il pas déjà fait une réclamation à ce sujet ?
9. Est-ce que Bill n'en a jamais entendu parler ?
10. Qui pouvons-nous appeler ?

## E. Ajoutez le *question tag* qui convient.

Exemple : *The boys are playing football, aren't they?*

Vous aurez peut-être à vous reporter à d'autres chapitres de la *Grammaire* pour certaines de ces reprises : 10.6 (n° 4, 5) ; 10.10 (n° 7) ; 11.2.2. (n° 15). Par ailleurs, il faut réfléchir à l'orientation positive ou négative de la phrase : certains quantificateurs (*little*, *few*) et adverbes (*barely*, *hardly*, *scarcely*, etc.) donnent un sens négatif à la phrase, le *tag* sera donc positif.

1. He's got to try a little harder, …
2. I'm singing out of tune, …
3. I have to buy some matches, …
4. You'd rather I didn't say anything, …

5. I'd better run along now, ...
6. Very few people have actually read the Bible, ...
7. They used to live nearby, ...
8. I suppose he found the play boring, ...
9. We seldom go to the pictures these days, ...
10. Several people came to see you yesterday, ...
11. There is no point in quarrelling about it, ...
12. Everybody knows we're back in town, ...
13. Nobody ever goes to see her, ...
14. Little can be done to improve the situation, ...
15. Let's go for a walk in the woods, ...

### F. Traduisez, en utilisant chaque fois que possible des *question tags*. Si l'intonation est vraisemblablement descendante, indiquez cette intonation au moyen d'une flèche ↘ à la suite du *question tag*. (➤ *Grammaire* 2.7.5 et 2.7.6)

1. Cette dame est canadienne, non ?
2. Vous n'avez pas de voiture, si ?
3. Vos amis ne connaissent pas Michael, n'est-ce pas ?
4. Le guide sait parler l'italien, non ?
5. Ce que vous essayez de prouver, n'est-ce pas, c'est que ces chiffres sont faux. Eh bien, nous le savons.
6. Je ne suis pas en retard, hein ?
7. Il n'y a pas de messages pour moi, dis ?
8. Ils sont arrivés hier, non ?
9. Il fait frais ce matin, hein ?
10. Je suis le dernier de la liste, c'est bien ça ?
11. Il y avait beaucoup de brouillard, non ?
12. Ce spectacle est remarquable. Et le ténor chante vraiment bien, pas vrai ?
13. Je vous ai rendu votre livre, non ?
14. Vous vous souviendrez du numéro, hein ?
15. Je suis en retard, non ?
16. Quelle belle maison ! Et le paysage autour est magnifique, tu ne trouves pas ?
17. Alors vous avez mangé tout le gâteau, hein ?
18. Il est « Vierge », non ? Il est né le 17 septembre.

### G. Reprises par auxiliaire (changement de locuteur). Exprimez la réaction suggérée entre parenthèses par une forme adaptée de reprise. Il peut y avoir plusieurs solutions.

Exemple : *There's a spot on your shirt.* → *(disagreement) No, there isn't.*
→ *(sudden awareness) So there is!*

1. Of course, you'll be late as usual. (disagreement)
2. You hardly ever laugh at my jokes. (astonishment)

3. That tie looks hideous with that shirt. (agreement)
4. She told her boss exactly what she thought of him. (disbelief)
5. I voted for the first time at the last elections. ('Me, too')
6. There's someone knocking at the door. (surprise)
7. His latest book contains a lot of historical errors. ('The previous ones, too')
8. I refuse to lend you another penny. (ironical disbelief / threat)
9. Boys never admit to being tired. ('The same applies to girls')
10. Everyone who counted was at the reception. (hearty agreement)

### H. Formes diverses de reprise par auxiliaire. Traduisez.

1. — Peter est architecte, et sa femme aussi. — Ah bon ?
2. Personne n'a téléphoné, hein ?
3. — Je n'aime pas sa façon de parler aux gens qu'il ne connaît pas.
   — Moi oui. Je trouve ça amusant.
4. Les orties poussent sur les sols humides, non ?
5. — Qui préfère aller au cinéma ? — Nous.
6. — Ferdinand a encore oublié d'acheter du jus de fruit. — C'est vrai ?
7. Ils ne regardent pas souvent la télé. Leurs enfants non plus, d'ailleurs.
8. — Je me demande s'ils ont enfin trouvé le meurtrier.
   — Je suis sûr que oui, puisqu'il y avait des empreintes digitales sur le couteau.

## 2. *BE*, *HAVE* et *GET* (➤ *Grammaire* chapitre 3)

### A. Emplois de *BE* et de *HAVE*. Traduisez.

1. Son mari est dentiste.
2. N'ai-je pas raison d'insister ?
3. Il fait beaucoup trop chaud dans cette pièce, non ? Évidemment, toi, tu as toujours froid !
4. Il y a près de deux kilomètres de la gare au centre-ville.
5. N'ayez pas peur, il ne vous mordra pas.
6. Il faudra que la piscine mesure au plus cinquante mètres de long sur vingt-cinq de large, mais qu'elle fasse au moins trois mètres de profondeur.
7. Elle n'a pas plus de dix-huit ans, elle a droit à une réduction.
8. Vous êtes pressé, peut-être ? Moi aussi. Et ce n'est pas une raison pour resquiller.

### B. Emplois de *BE* et de *HAVE*. Traduisez.

1. — Elle fait combien, en hauteur, votre armoire ?
   — Je pense qu'elle fait deux mètres dix.

2. Il a des ennuis en ce moment.
3. Combien coûte ce dictionnaire ?
4. Ce matin il allait beaucoup mieux.
5. Il y avait combien de voyageurs, dans cet autobus ?
6. Vous avez de la chance de ne pas avoir une contravention, vous êtes garé le long d'une double ligne jaune.
7. Comment il a été, le temps, pendant votre séjour en Écosse ? Affreux, non ? Ici, on a eu de la pluie pendant quinze jours.
8. J'en ai marre de ce bruit.
9. Il ne semble pas y avoir de problèmes.
10. Combien il y a, d'ici à la gare ? Deux bons kilomètres, non ?
11. Il semble y avoir beaucoup de circulation ce soir.

## C. Ajoutez *GOT* lorsque c'est possible.

1. She has chronic bronchitis.
2. He had a bad case of flu.
3. He's had the flu for over a week.
4. The house has central air-conditioning.
5. You have enough shoes to last a lifetime.
6. They have someone in to do the housework.
7. Have we any time to spare?
8. We had some friends round for supper.

## © D. Traduisez. Dans votre traduction de la partie soulignée utilisez *HAVE*, ou, chaque fois que c'est possible, *HAVE GOT*.

1. Oui, on a bien ri, ce jour-là.
2. Prenez un peu plus de café, il en reste.
3. Comment ça ? Il n'a pas le téléphone ?
4. Il a peu de temps à midi, il mange seulement un sandwich.
5. Il a beaucoup de temps libre.
6. Pour finir, ils se sont battus.
7. Elle a la grippe, je pense.
8. J'ai fait un cauchemar cette nuit. J'ai rêvé que je me baignais dans la Tamise, à Londres.
9. Elle est gentille, ta copine. On bavarde souvent ensemble, quand on se rencontre au supermarché.
10. Il fait toujours une petite sieste l'après-midi.
11. Vous avez passé un été agréable ?
12. Jettes-y simplement un coup d'œil.

## © E. Exprimez la même relation d'un point de vue différent. Utilisez le verbe ou l'auxiliaire entre parenthèses.

Exemple : *You have a magnificent garden. (be)* → *Your garden is magnificent.*

1. Please be ready by the time the guests arrive. (get)
2. There is an unsightly stain on my jacket. (have)
3. Jay is exceptionally courageous. (have)
4. So Peter and Karen are finally married! (get)
5. That girl has a lot of grace. (be)
6. Don't you have a gaudy purple umbrella? (be)
7. We have had unusually fine weather this summer. (be)
8. Did they have enough sandwiches for all the guests? (be)
9. The Peterson children have had a new puppy since Christmas. (get)
10. There is no reason for you to be so rude. (have)

**F. *THERE + BE*. Complétez par la forme qui convient dans chaque contexte.**

Exemple : … *a huge spider on my plate.* → *There is* (ou *was*) *a huge spider on my plate.*

1. I wouldn't be surprised if … fireworks to wind things up.
2. … cows in that pasture ever since I was a child.
3. … no polite way to get my message over, I shall speak bluntly.
4. I would not wish … the slightest misunderstanding.
5. [ajoutez SHOULD] … a taxi waiting when you got downstairs.
6. [ajoutez MAY + négation] … any reason for concern.
7. [ajoutez SEEM] … some confusion over last week's programme.
8. [ajoutez WILL + interrogation] … enough time for one more game?
9. [ajoutez BE + TO] … a family reunion at the end of the summer, but several of us could not make it.
10. [ajoutez PROMISE] … a good deal of excitement in town tonight.

## 3. Types de phrases (➤ *Grammaire* chapitres 20 et 19.4.2)

### A. Retrouvez la question qui pourrait avoir pour réponse l'élément souligné.

1. Their baby weighed <u>nearly nine pounds</u> at birth.
2. He has a complete medical check-up <u>once a year</u>.
3. Stephen has been <u>raking leaves</u> all afternoon.
4. I'll give you my reply <u>as soon as I can</u>.
5. I'd like to invite <u>Jack and Amy</u> to my party.
6. The curtain is supposed to go up <u>at nine o'clock sharp</u>.
7. The quickest way to get from Paris to London is <u>by train</u>.
8. We expect <u>the opposition candidate</u> to win the next elections.
9. I went out with <u>several colleagues</u> last night.
10. <u>Their eldest</u> son hopes to get a job in Canada.
11. The night of the World Cup final, he stayed up <u>until midnight</u> watching the match.

12. She lives several hundred miles away from her parents; they rarely see each other.
13. His office was sparsely furnished with a large glass-topped desk, deep leather armchairs and built-in, unobtrusive filing cabinets.
14. I bought a new pen so that my handwriting would be more legible.
15. He must have been about seven when he learned to swim.
16. The publisher said they had to sell four thousand copies to break even.

## B. Forme des questions (directes et indirectes). Traduisez.

1. Je me demande quand est sorti ce film.
2. Ça sert à quoi ce truc ?
3. Qu'est-ce que ça veut dire, hypochondriaque ?
4. Ça coûte combien, un vélo de course ?
5. Est-ce que tu sais combien il reste de semaines avant les examens ?
6. Il y a combien de temps que le cinéma a été inventé ?
7. Ça fait longtemps que les Vengeurs Masqués enregistrent des disques ?
8. Vous y êtes restés longtemps, en Californie ?
9. Tu as combien d'argent sur toi ? Tu pourrais peut-être payer le pain, pour une fois ?
10. Comment ça se fait que tu n'aimes pas les disques de Chuck Salsaparilla ?
11. — Je m'ennuie… — Et si on allait se promener en forêt ?
12. Il y a combien de jours en août ?

## C. Forme des questions (directes et indirectes). Traduisez.

1. De quelle couleur est votre nouvelle voiture ?
2. Leur salon, il est grand comment ?
3. Non, nous ne savons pas à qui sont ces bagages.
4. Quand est-ce qu'ils sont partis, tes parents ?
5. Comment ont-ils appelé leur cinquième enfant ?
6. La police veut savoir comment était la voiture des deux braqueurs.
7. Depuis quand est-ce que tu prends des leçons de conduite ?
8. Qu'est-ce que ces gens attendent ?
9. À qui est-ce que j'ai oublié d'envoyer une carte de vœux l'année dernière ?
10. Il te reste combien de cigarettes ?

## D. Exclamations. Formez deux phrases exclamatives à partir de chaque phrase.

**a) En commençant par *HOW* ou *WHAT*** → *How tall she is!*

**b) Au moyen d'une forme interrogative** → *Is(n't) she tall!*

1. He looks very cross.
2. You have a very lovely garden.
3. That is a great pity.
4. She is such a fascinating lecturer.
5. They sounded so happy.
6. He talks a lot of nonsense.
7. That news is very exciting.
8. They are making a lot of noise.
9. She has suffered terribly.
10. The weather is really perfect.

## E. Questions et exclamations. Traduisez.

1. Quelle bonne bière ! Quel goût !
2. Quel beau film ! Quel acteur merveilleux !
3. Qu'est-ce qu'il a comme argent !
4. Qu'est-ce que c'est long à venir !
5. Quelle idée stupide !
6. Ce qu'il peut être bête !
7. Qu'est-ce qu'il a comme argent ?
8. Quel film tu as vu ?

## F. Phrases exclamatives, phrases emphatiques, formes d'insistance diverses. Traduisez.

1. Quel toupet ! Et quelle patience il vous a fallu pour le supporter !
2. — Votre demande a été rejetée parce que vous ne l'avez pas postée avant le 22 mars.
   — Mais je l'ai postée avant le 22 mars ! J'ai dû la poster le 14 ou le 15 mars, ou même avant.
3. Quel malheur ! Une si belle voiture !
4. J'ai une de ces faims !
5. Mais si, je le trouve bon, ton gâteau de riz, franchement.
6. Vous m'avez fait peur, vraiment !
7. Liberté, liberté, que de crimes ont été commis en ton nom !
8. C'est une musique tellement belle !
9. Où est-ce qu'il peut bien avoir mis les clés de la voiture ?
10. — Quand vous aurez répondu à ma question…
    — Je *refuse* d'y répondre ! Comment osez-vous me demander ça !
11. Quel succès ! Comme on a bien fait de venir !
12. Comme c'est bizarre ! Vous étiez au cinéma ce jour-là ? Moi qui croyais que vous n'alliez jamais au cinéma !
13. Quel génie il a ! Et avec quelle modestie il parle !
14. Ils parlent, ils parlent, mais c'est tout. Ils ne peuvent pas *faire* quelque chose, pour une fois ?

# 4. Révision

## A. Formes diverses de reprise par auxiliaire. Traduisez.

1. — J'ai fini la première série d'exercices. Et toi ?
   — Moi, pas encore. Je ne travaille pas aussi vite que toi.
2. — Il y a une carafe sur la table ?
   — Non. Et il n'y a pas de vin non plus.
3. — Qui veut un peu plus de purée ? — Pas moi.
4. — Regarde, ton petit frère nage sans sa bouée ! — Mais oui !
5. — Ils ont pris une décision pour ce parking souterrain ?
   — Bien sûr que non ! Ils attendent, comme d'habitude.
6. Lui, d'habitude, il ne prend pas l'avion, mais sa femme si. Elle voyage beaucoup. Lui aussi, en fait, mais il préfère le train.
7. Le moteur sera entièrement vérifié, de même que les freins.
8. — Tu n'as pas invité les Wilkinson ?
   — Bien sûr que si ! Je leur ai téléphoné hier soir.
9. — Nous allons en Grèce cet été.
   — Ah bon ? Nous aussi. Vous y allez en août ?
10. Elle dit que Pamela et Andrew vont se marier, mais moi je crois que non.
11. — Quelqu'un a laissé le robinet ouvert.
    — En effet. Il y a de l'eau partout.
12. — Ils sont allés voir la pièce hier soir. Nous n'y sommes pas encore allés.
13. — Tu n'as pas acheté de poires, hier ? — Bien sûr que si.
14. Il lave sa voiture tous les combien ? Toutes les semaines, non ?
15. La plupart des gens croient qu'il est ingénieur. En fait, il ne l'est pas plus que moi.

## B. Traduisez en prêtant attention à l'emploi de *BE* ou *HAVE*.

1. Il devait y avoir plus de trente invités.
2. Quel âge ont leurs enfants ?
3. Tu as eu de la chance.
4. Elle doit avoir plus de quarante ans.
5. Il ne peut pas venir, il est enrhumé.
6. Il semble qu'il y ait eu de gros problèmes.
7. Une fois le ménage fini, il ne restait pas beaucoup de temps pour rêver au Prince Charmant.
8. Ça ne semble pas avoir été trop difficile.
9. Elle doit être partie en hâte.
10. L'avion ne peut pas être monté si haut.

## C. Traduisez. Utilisez *BE*, *HAVE* ou, chaque fois que c'est possible, *GET*.

1. Je commence à avoir faim.
2. C'est de plus en plus fatigant.
3. À mon avis, ça ne vous mènera nulle part.
4. J'ai vraiment soif.
5. Hier, ils ont fait une partie de tennis.
6. Il commence à faire sombre.
7. Ils n'ont jamais fait l'amour ensemble.
8. Enlève tes pieds du fauteuil, s'il te plaît.
9. Je prépare tout pour le repas du soir.
10. Je descends à (la station) Leicester Square.
11. Qu'est-ce que tu vas avoir pour Noël ? Moi, je vais avoir un appareil photo.
12. Attendez, il y a des jus d'orange, je vous en apporte un.

## D. Phrases interrogatives. Traduisez.

1. Qu'est-ce que vous attendez pour téléphoner au médecin ?
2. Dis-moi, tu veux savoir quoi, exactement ?
3. C'est comment votre nom déjà ?
4. — La situation est mauvaise. — Oui, mais jusqu'à quel point ?
5. Combien elle fait en largeur, cette table ?
6. À qui dois-je m'adresser pour avoir des renseignements sur cet emploi ?
7. — Comment l'avez-vous trouvé, le chili con carne ? — Pas assez épicé.
8. Sur qui il comptait, ton frère, pour payer ses dettes ?
9. À combien d'ici il est, le village le plus proche ?
10. — Comment l'avez-vous trouvé, ce magnifique petit appartement ?
    — Par une annonce, dans le journal local.

## E. Phrases exclamatives, phrases emphatiques, formes d'insistance diverses. Traduisez.

1. Si c'est pas honteux de raconter des histoires aussi horribles !
2. Comme il mange peu !
3. C'est bien ce que je disais, le train pour Londres part du quai numéro cinq.
4. — Je n'ai jamais vu une grenouille aussi grosse.
   — Bien sûr, espèce d'idiot, c'est un crapaud !
5. Comme je vous plains !
6. Quel dommage qu'il soit si étourdi !
7. Comme cette traduction a l'air facile !
8. — Ils ne peuvent pas gagner les élections.
   — Ils les gagneront, je vous dis !

9. Comme c'est dommage ! Je regrette bien de ne pas avoir pris mon appareil photo !
10. Vous me dites qu'il n'assistera probablement pas à la réunion. Mais que se passera-t-il s'il y assiste ?
11. Que de temps perdu !
12. Tu en as, de la chance ! Moi, il ne m'a même pas dit bonjour.
13. Qu'est-ce qu'il y a comme monde, aujourd'hui, dans les trains !
14. Quels imbéciles ! Ils n'ont même pas pensé à nous téléphoner.
15. — Je n'ai pas l'intention d'y aller à pied.
    — J'y suis bien allé, moi. Et en plus il pleuvait, ce jour-là.
16. Quelle question stupide ! Bien sûr, que je vais m'arrêter pour faire le plein avant l'autoroute !
17. Quelle folie ! Un homme aussi honnête, accepter une transaction aussi douteuse !
18. Mais décide-toi donc ! Je n'ai jamais vu quelqu'un d'aussi velléitaire !
19. Personne n'avait jamais vu un orage aussi effrayant. Quel vacarme !

# SECTION 2

## Temps et aspect

➤ *Grammaire* chapitres 4, 5, 6

## 1. Présent et prétérit (➤ *Grammaire* chapitre 4)

### A. Temps grammatical et temps chronologique : le présent. Trouvez les verbes au présent et indiquez s'ils réfèrent au moment présent ou non.

1. As soon as he gets here, I want you to serve tea.
2. I wish more attractive houses cost as little as this one does.
3. Don't start singing until the conductor gives the signal.
4. I hope he doesn't miss his train.
5. Once the fire is out, we can go back to sleep.
6. Why don't you take one more beer before you go?
7. Whenever anybody asks her a direct question, she shrinks back in terror.
8. The sports instructor let all the pupils run freely around the courtyard for a few minutes.
9. If they put some more logs on the fire, the room would heat more quickly.
10. I hear you organize summer camps for teenagers.
11. Whatever they decide has to be accepted by the rest of us.
12. If you hurt one of her pet hamsters, she may never speak to you again.

### B. Temps grammatical et temps chronologique : le passé. Trouvez les verbes au prétérit et indiquez s'ils renvoient au passé temporel ou non.

1. I was wondering if you could tell me how to find the haunted house. At least, I've heard people say it was haunted. Or used to be.
2. Once we were sure the sun had come out to stay, we put on our boots and went wading through the muddy puddles left by the storm.
3. I'd rather you didn't sing those songs in Granny's presence. Just imagine what she'd think of you if she understood what you were saying.
4. I thought you might appreciate a nice cool drink. Didn't you say the other day that nothing was better than iced tea when you were really thirsty?

5. Although our conversation was mainly devoted to business matters, we did exchange views on a number of other issues, such as whether or not scientific advances were a good thing for humanity.

### C. Présent ou prétérit : les temps simples. Mettez le verbe à celui de ces deux temps qui convient.

1. She (bite) into a piece of soap and then (spit) it out immediately. 'I (think) it (be) cheese,' she (say).
2. 'You (mind) if I (smoke)?' (ask) Amanda. 'Not at all,' (answer) Amelia, 'as long as you (not do) it in my presence.'
3. 'Where you (find) that pen? It (look) like the one I (lose) last week.' 'No, this one (belong) to me. I (admire) yours so much that I (buy) an identical one.'
4. The little girl (pinch) her baby brother, who (begin) to cry instantly. 'I (swear) I (not mean) to hurt him,' she (tell) her mother. 'Isn't it time he (wake) up for his next bottle?'
5. I (wish) I (earn) more money so that I (can) travel to far-away places. A friend of mine (go) to Thailand last year and (find) it fascinating. Each country (have) something special to offer, I'm sure.
6. As soon as you (finish) the job I (give) you this morning, you can join your friends at the beach. I (forget) to tell you they (ring) earlier to invite you.
7. Everybody (know) that the Earth (revolve) around the sun, but few people (use) that knowledge constructively. In what ways you (think) the world would be different if they (do)?

## 2. La forme *BE + -ING* (➤ *Grammaire* chapitre 5)

### A. Temps simple ou *BE + -ING*. Quels contextes sont incompatibles avec ces formes verbales ?

1.

| | |
|---|---|
| a) I see my cousin Rodney | x) among the spectators |
| b) I am seeing my cousin Rodney | y) this afternoon |
| | z) every Thursday |

2.

| | |
|---|---|
| a) Frances works for a big firm in Chicago | x) for a few weeks |
| b) Frances is working for a big firm in Chicago | y) as Purchasing Manager |
| | z) during the summer |

3.

| | |
|---|---|
| a) We leave the day after tomorrow | x) on a tour through Brittany |
| b) We're leaving the day after tomorrow | y) if all goes according to plan |
| | z) to visit friends in Scotland |

4.

a) 'What do you drink with your dinner?'
b) 'What are you drinking with your dinner?'

x) 'I'll have a glass of red wine.'
y) 'Just plain water, it's healthier.'
z) 'Well, it tastes like cider. Want a sip?'

5.

a) The Pope speaks Italian
b) The Pope is speaking Italian

x) although it is not his mother tongue
y) as well as a number of other languages
z) with a slight accent

6.

a) My brother is very stubborn
b) My brother is being very stubborn

x) He refuses to listen to reason
y) He always insists on having his own way
z) but he will have to give in eventually

## B. Mettez le verbe à la forme qui convient : présent ou prétérit, forme simple ou *BE* + *-ING*. S'il y a plusieurs possibilités, expliquez les différences de sens.

1. When the bus (stop), Mr Collins (stand) up.
2. When you (buy) domestic brands, you (help) the battle against unemployment.
3. That ill-mannered child (break) in when I (speak).
4. When the teacher (arrive), some of the pupils (throw) paper planes.
5. A number of people (sleep) when the plane (land).
6. The neighbours (quarrel) when their son (come) back from school.

## © C. Mettez le verbe à la forme qui convient : présent ou prétérit, forme simple ou *BE* + *-ING*.

Faites attention à la ponctuation et à l'ordre des mots (questions, changement de locuteur, etc.)

1. How much that table (cost) now? Furniture prices (rise) so fast these days that the price tag (change) every week.
2. 'Listen, the phone (ring).' 'You (hear) things. There is no phone in this house.'
3. 'Ouch! You (step) on my toe.' 'Sorry, I (promise) to be more careful next time.' 'You (imply) there will be a next time?'
4. (In front of a restaurant) 'That menu (look) really appetizing. Why we (not eat) out tonight?' 'That's a good idea. But you (see) the prices? We (not eat) in *that* restaurant!'
5. As children, we often (go) by the bakery after school to buy a bun. The baker sometimes (give) us an extra cake for nothing. But one day, his

wife (stand) behind the counter when we (arrive). 'You (not get) any free cakes today!' she (shout). 'You (think) we are made of money?'

6. 'What you (laugh) at? I (not see) anything funny.' 'You never (see) what's funny. You always (dream) about some imaginary adventure.' 'Maybe so, but this time I (want) to know why you (laugh).' 'It's none of your business. I (not tell) you.'
7. 'You (want) me to drive you to the concert tonight?' 'I (not know) you (have) a car. You (borrow) your father's Honda tonight?' 'That car (belong) to my brother now. He (not like) music, so he (not go) to the concert. Don't forget, it (begin) at 8.30; we'll have to leave by eight.'
8. 'George (get up) at 5 o'clock every day this week to prepare for his exams.' 'I (not believe) it! He always (sleep) late. Last year, we (take) an early morning course together, and whenever I (go) by his room to pick him up, he just (get) out of bed.' 'Oh, stop it! You always (make) unpleasant remarks about people. You (know) George is a serious student.'
9. 'I (see) you leaving the shoe shop the other day. You (carry) a package. What you (buy)?' 'I (buy) some tennis shoes. Actually, I (need) new boots for the winter, but the ones that shop (have) (not fit) me. They (say) they (order) others, so I (go) back next week to try again.'
10. 'You (do) anything important at the moment? I (need) some help.' 'Just a second. I (sort) out the papers in this box. It (contain) some official documents which I (not know) (exist). I (want) to put them in a safe place before I (stop).'

## D. Forme *BE* + *-ING* ou non ? Traduisez.

1. Je n'entends rien, ils doivent faire la sieste.
2. Comme il prenait l'avion le lendemain, il a passé la nuit chez nous.
3. — Tu penses à quoi ? — Aux vacances de Noël.
4. Cette valise pèse vingt kilos ; elle ne contient pas que des habits, j'imagine ?
5. — Qu'est-ce que c'est que ce bruit ?
   — C'est la voisine qui appelle son chien.
   — Je ne comprends pas ce qu'elle dit : comment s'appelle-t-il ?
6. Vous avez connu le vieil Ernest ? Il buvait du rhum additionné de tequila.
7. Non merci, pas de vin pour moi, je travaille cet après-midi.
8. Qu'est-ce que tu regardes ? Moi, je ne vois rien.

## E. *BE* + *-ING* après les modaux. Mettez le verbe à la forme qui convient : base verbale ou *BE* + *-ING*. Si les deux sont possibles, inventez un contexte compatible avec votre choix.

1. Please lower your voice. The baby may (sleep).
2. Shouldn't you (study) for tomorrow's quiz?
3. The guide might (wait) for us at the other entrance.
4. We haven't seen Paul in ages. He must (write) another book.

5. Once classes are over, we may (take) a few weeks off.
6. Do you think Pamela could (hide) something from us?
7. If someone tried to attack you, could you (defend) yourself?
8. By my estimation, the storm should (break) in about half an hour.
9. On a clear night like this, we might (see) a shooting star.

## 3. La forme *HAVE + -EN* (➤ *Grammaire* chapitre 6)

### ◉ A. Prétérit, *present perfect* ou *past perfect* ? Envisagez les événements suivants de trois points de vue différents, en vous aidant du contexte.

1. ARRIVE
a. The new manager only arrived yesterday, but all his assistants … the day before.
b. All your assistants …, sir.
c. All your assistants … on Monday, sir.

2. HAVE MEASLES
a. Doctor, I'm sure Nelly… already …
b. She … already … when she first went to school.
c. She … later than her sister.

3. PUT THE KETTLE ON
a. Harvey, …?
b. Yes, I … ten minutes ago.
c. I thought someone … already, but I was wrong.

4. RAISE THEIR PRICES
a. All major car manufacturers ….
b. The new law banning price control was passed some time ago, but the car manufacturers … well before that.
c. Several local shops … considerably last month.

5. SEE THAT FILM
a. I … before.
b. In fact, I … before you even knew about it.
c. When Dolly asked me to come to the cinema with her, I told her I … before.

### ◉ B. Prétérit ou *present perfect*. Mettez le verbe à la forme qui convient.

1. 'You (hear) the Prime Minister's press conference?' 'No, I (miss) it, but from what I (read) in the papers, he (not say) anything new. He claims

the economy (improve) since he (take) office, but the number of unemployed (go up), so his efforts (do) no good.'

2. 'Sylvester Robbins! What a surprise! I (not see) you since we (leave) school. Where you (be) all this time?' 'Well, I (go) to graduate school in the U.S. and (live) there for six years. Then I (get) a job in Australia where I (meet) my wife, Samantha. Only my sister (come) to our wedding in Sydney last October, so I (bring) Samantha over here to meet my family.'
3. 'I just (receive) a letter saying we (not pay) this month's rent. I (not give) you the money for that last week?' 'Yes, you …, but I (spend) part of it on books. My thesis supervisor (tell) me several times that my bibliography is incomplete.'
4. Although we (live) in this neighbourhood for several years, we (not get) to know many people here yet. The neighbours (be) very helpful when we first (move in), but they soon (lose) interest. Admittedly, we (not invite) them over, either.
5. 'You (hear) from Martha lately?' 'She (ring) up once while I (be) at work, and I (forget) to ring her back. But some of the others (be) in contact with her; they say she (feel) lonely at first, but by now she (make) new friends and (begin) to feel at home.'

## C. Prétérit ou *present perfect*. Traduisez.

1. Cette librairie existe depuis longtemps ?
2. La machine à vapeur a été inventée il y a trois siècles.
3. Ça fait un temps fou que Chuck Salsaparilla donne des concerts.
4. Mes parents ont passé pas mal de temps en Inde dans les années 1970.
5. Le voisin est sorti de chez lui à dix heures, il a ouvert son garage et il est parti. Il avait l'air tout à fait normal.
6. Avouez ! Après être entré dans la boutique, vous avez frappé le bijoutier avec une matraque, non ?
7. — Bien entendu, vous avez lu *Ulysse* de Joyce en entier ?
   — Non.
   — Eh bien, moi non plus.
8. Le vent a cassé l'antenne de télé, il y a deux semaines de cela.

## D. *HAVE + -EN* ou *HAVE BEEN + -ING*. Mettez le verbe au *present perfect*, avec ou sans *BE + -ING* selon le contexte. Si les deux sont possibles, expliquez pourquoi.

1. 'What you (do)? I (look) for you for ages!' 'I (read) old newspapers in the attic.'
2. What you (do) with my camera? It (disappear).
3. Look what you (do)! You (break) Mother's favourite vase. How many times she (tell) you to be careful?
4. Someone (tamper) with this light switch. One of the screws (fall) out, and a wire (come) loose. I'll bet Billy (try out) his electrician's set again.

5. The choir (rehearse) all day, but the conductor is still not satisfied. He nearly (run) out of patience. They (sing) the same song at least ten times, and he claims they (not improve) a bit. And yet the group (give) concerts for years and each time they (have) great success.
6. Air pollution in our cities (reach) dangerous levels. The number of respiratory infections among city-dwellers (increase) steadily over the past few years, and doctors (discover) other disorders caused by pollution. And yet, even though everybody (know) for some time that motor cars are the main cause of air pollution, few towns (pass) legislation to restrict traffic.

### ● E. Faut-il ou non employer la forme *BE* + *-ING* avec le *present perfect* ? Traduisez.

1. Ils ont vendu quatre-vingt-dix-huit exemplaires du livre.
2. Quelqu'un a mangé mes chocolats. L'emballage est déchiré.
3. Je suis sûr que tu as assez bu. Tu bois depuis que tu es arrivé.
4. Il a plu. Il y a une grande flaque dans le jardin.
5. Ça sent le whisky d'ici. Tu as encore bu ?
6. Quelqu'un s'est servi de mon ordinateur.
7. C'est quelqu'un que je connais depuis des années.
8. Désolé d'être si sale, je jardinais.

### F. *SINCE* et *FOR*. Utilisez le terme qui convient pour introduire chaque complément de mesure.

1. It has been raining (last week / the last week).
2. We haven't eaten in a restaurant (at least a year / ages).
3. That beggar has been on that bench (the factory closed down / as long as I can remember).
4. There has been disagreement about this among teachers (the whole term / the beginning of the term).
5. I haven't read a good book (the summer holidays / several months).

### ● G. Complément de mesure et repère temporel. Trouvez une autre manière de dire la même chose, en utilisant un verbe au *present perfect*.

Il faut modifier le complément de temps et souvent le verbe lui-même.
Exemple : *Mary started working here in 1985.* → *Mary has been working here since 1985.*

1. Alan and Sylvia got married last August.
2. It is over a year since her husband died.
3. Peter bought that car six months ago.
4. My passport expired at the end of November.
5. I last spoke to my sister a month or so ago.
6. She learned to swim when she was eight.
7. We last saw the Petersons at the Elliotts' reception.
8. My brother joined the police force as soon as he left school.
9. She stopped smoking when her baby was born.
10. My washing machine broke down several days ago, and I can't find anyone to repair it.

## H. Traduisez en faisant attention (a) à la forme verbale employée, (b) aux repères temporels et aux compléments de mesure, (c) aux reprises par auxiliaire pour lesquelles vous veillerez particulièrement au temps employé.

1. Depuis que je suis un membre actif de la SPA, je reçois une quantité de courrier.
2. — Quand le paquet est arrivé, j'ai été un peu surpris. — Vraiment ?
3. Ça fait deux heures que tu épluches des patates. [= *peel potatoes*]
4. Nous avons eu de la chance, il n'a pas plu pendant plusieurs jours.
5. Il y a bien deux jours que j'ai posté la lettre, non ?
6. Il y a deux ans, il a décidé d'arrêter de travailler pendant quelques mois.
7. Ça fait des années que je n'ai pas mangé de caviar.
8. — Nous savons tout ça depuis longtemps. — Mais pas moi.
9. Ça fait longtemps que la police a attrapé les voleurs.
10. — Toi, tu as mangé du chocolat. — Moi ? Non.
11. Ça fait six mois que tu as commencé de lire ce roman.
12. Moi, j'ai fait la vaisselle, je peux me reposer.
13. Il y a des années que j'ai ces chaussures.
14. Regarde ce que tu as fait, il faut que je recommence tout.
15. — Il a l'air bien fatigué.
    — Oui, n'est-ce pas ? C'est qu'il a écrit un roman.
16. — Depuis qu'ils sont revenus de Chine, ils mangent du riz à tous les repas.
    — Tiens, tiens.
17. Ça fait seulement quinze jours qu'on se connaît.
18. — Elle n'a pas changé depuis qu'elle est mariée.
    — Bien sûr que non. Pourquoi aurait-elle changé ?
19. Il est en pleine forme depuis qu'il ne travaille plus.
20. Qu'est-ce que tu as fait ? Il y a une drôle d'odeur.

# 4. Révision

## A. Quels contextes sont compatibles avec chaque forme verbale ? Donnez l'ensemble des possibilités.

1.

a) Ronnie has done the washing-up
b) Ronnie has been doing the washing-up
c) Ronnie had done the washing-up

v) by the time we arrived
w) so we can leave now
x) for the last week
y) every day this week
z) since the dishwasher broke down

2.

a) The lights went out
b) The lights have gone out
c) The lights had gone out

v) a few seconds before
w) for a few seconds
x) during the storm
y) but soon came back on
z) but will soon come back on

3.

a) What did you do
b) What have you done
c) What have you been doing

v) with the tin-opener?
w) in the Navy?
x) for the last few years?
y) since classes ended?
z) to deserve such treatment?

4.

a) Amelia worked as an air hostess
b) Amelia has worked as an air hostess
c) Amelia has been working as an air hostess

v) for quite a while
w) before she met Bob
x) which explains her poise
y) but plans to go back to university next term
z) and been all over the world

5.

a) Their father has written a novel
b) Their father has been writing a novel
c) Their father had been writing a novel

v) for at least a year
w) which no one wants to publish
x) which is selling well
y) at the time
z) while they were away at school

## B. Mettez le verbe au temps et à la forme aspectuelle qui conviennent (parmi tous ceux étudiés dans ce chapitre), en faisant attention au contexte.

1. 'Your voice (sound) funny. You (get) a cold?'
   'No, I (shout) at that group of youngsters. They (chase) my cat.'
2. 'You (hear) the latest news? Caroline (go) to Los Angeles with Harvey next month!'
   'That's not news. She always (take) a trip with some man or other.'
   'No, this is different. They (leave) for good. Caroline already (put) up notices which (say) "Flat for Sale".'
3. This is only the second time I (visit) Paris. The first time, I (catch) the mumps and (have) to stay in bed for a week, and the second week it (rain) every day. But this time, I (stay) for a whole month, so there should be some good weather. You (realize) I even (not see) the Eiffel Tower yet?
4. When I (reach) the checkout counter, the cashier (count) the money in the till. 'I (close),' she (tell) me. 'My scanner just (break) down and I (not know) the prices by heart.'
   'I (refuse) to believe that! You (check out) customers all morning! I'm sure you (check out) at least twenty. People (become) slaves to machines nowadays.'
5. 'You look frozen! What you (do) down in the cellar?'
   'I (try) to find a packet of beans in the freezer. I (buy) several last month. You (suppose) we (eat) them all already?'
   'Oh, I (forget) to tell you: I (take) one out this morning. Jane (have) a party tomorrow and everyone (bring) something. I (make) a bean salad.'

## C. Traduisez en prêtant une attention particulière aux formes temporelles et aspectuelles, ainsi qu'aux expressions de temps et de durée.

1. C'est la deuxième fois que j'ai la grippe cet hiver.
2. La température de la mer doit être stable depuis plusieurs milliers d'années.
3. Ça fait longtemps que j'utilise ce dictionnaire.
4. Elle apprend le japonais depuis l'année dernière.
5. Ça fait quelque temps que je n'ai pas mangé d'huîtres.
6. Depuis qu'il s'est marié, il est devenu très irritable.
7. Depuis l'année dernière, il y a moins de circulation sur cette route.
8. — Pourquoi est-ce que tu pleures ? — J'ai lu un roman d'amour.
9. C'est la deuxième fois que je goûte du caviar. Pas mauvais.

10. Il y avait bien longtemps que l'ogre [= *ogre*] n'avait pas mangé une viande aussi délicieuse.
11. Le vaisseau naviguait depuis des semaines sur une mer parfaitement calme.
12. Les braqueurs devaient savoir où était caché l'argent.
13. Depuis l'année dernière, vous avez dû remarquer que les prix avaient nettement baissé.
14. C'était prêt depuis un bout de temps, mais on ne nous a pas prévenus.
15. Ça faisait des heures que le vent soufflait.

# SECTION 3

## Modalités et modes

➤ *Grammaire* chapitres 7, 8, 9, 10, 11

## 1. Modalités et auxiliaires modaux : introduction

(➤ *Grammaire* chapitre 7)

### A. Modalité de l'action ou modalité de la connaissance. De quel type de modalité relève chacune des phrases suivantes ?

1. You have to be very rich to be successful in politics.
2. You must be very rich if you own an entire building in the heart of town.
3. They must have cleaned their room before they went out.
4. They must have cleaned their room before they go out.
5. You may wait for us at the information desk.
6. We may wait for you at the information desk.
7. He shouldn't have said such a stupid thing.
8. He can't have said such a stupid thing.
9. Could you repeat what she just said?
10. Shall I repeat what she just said?
11. There could have been some misunderstanding.
12. No one could have put it more delicately.
13. She might be bringing along a friend.
14. She might have let us know in advance.

### ● B. Portée de la négation. Qu'est-ce qui est nié : la modalité ou l'événement ?

1. He may not have heard what you said.
2. I cannot understand why she did that.
3. We mustn't keep them waiting.
4. You needn't be so formal.
5. She didn't have to copy the whole thing out.
6. They couldn't be expected to remember everyone's name.
7. No, you may not borrow my credit card for the evening.
8. You are not likely to meet anyone you know there.
9. They needn't have done it themselves.
10. He shouldn't have kept quiet about it.

11. We are apt not to make the proper choice.
12. There might not be enough food for that many people.

### C. Les modaux et le prétérit. Quelle est la valeur du prétérit : passé temporel strict, passé de discours indirect, présupposition irréelle, présupposition non certaine ?

Dans certains cas, plusieurs valeurs peuvent coexister, dans d'autres la même phrase peut relever de deux interprétations possibles. Par exemple, hors contexte, la phrase suivante est ambiguë :

*They couldn't be expected to remember everyone's name.*
passé temporel strict : *it was not possible to expect this of them at a given time*
présupposition non certaine : *it would be unfair to expect this*

1. I suppose our team might have won.
2. They said you could come along.
3. Henry should have apologised to Susan.
4. He wondered if he should be the first to speak.
5. I was afraid she wouldn't get a chance to dance.
6. I'm sure that Sheila could crack that puzzle.
7. The metro might have broken down again.
8. Polly would get us out of the predicament every time.
9. That scene you made yesterday could have put an end to our relationship.
10. The doctors fear there might be some permanent damage to the brain.

## 2. *CAN, MAY, MUST* (➤ *Grammaire* chapitre 8)

### © A. Modifiez le modal de manière à renvoyer au passé, en incorporant l'expression entre parenthèses. Il peut y avoir plusieurs réponses. Dans certains cas, le modal devra être remplacé par une expression de modalité.

Exemple : *He can run very fast. (when he was young)* → *He could run very fast when he was young.*

1. He can't move his little toe. (before his operation)
2. The children can play outdoors. (when the weather cleared up)
3. They can stay up a bit later. (since the next day was Sunday)
4. We can't get to the airport on time. (because the traffic was too heavy)
5. She can't be doing the shopping. (at ten o'clock last night)
6. I can prove my point. (using arguments he himself had given me)
7. The students may not be paying attention. (when you explained that point)
8. You may manage to persuade him. (thanks to your last argument)

9. She says we may bring along a friend. (last time she invited us)
10. He must meet all sorts of people. (when he was a social worker)
11. I must drive my mother to the dentist's. (yesterday afternoon)
12. They must find it a bit difficult to accept. (his sudden decision to leave home)
13. He must find another way to deal with the problem. (after his first fruitless attempt)
14. We mustn't say four-letter words in grandfather's presence. (when he was alive)

## B. Reformulez, en remplaçant les termes soulignés par un auxiliaire modal.

Exemple : *Perhaps they will come with us.* → *They may come with us.*

1. Perhaps she did not mean what she said.
2. No doubt he is rather upset.
3. I allow you to have a little more cake.
4. I don't believe he said such a thing.
5. Be careful; the sea is sometimes very rough in that area.
6. I insist that everyone dress for dinner.
7. I advise you to be more polite with your teachers.
8. It is possible that the guests are already here.
9. It is most unlikely that he came without letting us know.
10. I forbid you to smoke inside the house.
11. I suppose he forgot to set the alarm.
12. There is some chance of her going abroad next term.
13. We ran the risk of catching pneumonia in that storm.
14. It would have been impossible for your friend to sleep in the same tent.

## C. Expliquez la différence de sens entre les deux phrases.

1. That author can be very amusing. / That author may be very amusing.
2. They had to pack up and leave. / They must have packed up and left.
3. They may have run out of petrol. / They might have run out of petrol.
4. She could not move the chest without help. / She can't have moved the chest without help.
5. He must try a little harder. / He must be trying a little harder.
6. You must have finished your homework before I get home. / You must have finished your homework before I got home.

## D. Emplois de *CAN*, *MAY*, *BE ABLE TO*, etc. Traduisez.

Dans certains cas, on ne peut employer ni modal ni forme de modalité.

1. — Il sait jouer du violon ? — Oui, il en joue depuis l'âge de six ans.

2. — Puis-je prendre ce livre ? — Non.
   [Exprimez deux nuances de sens pour la question, puis pour la réponse.]
3. Du cinquième étage, on aperçoit la totalité du lac, jusqu'à la rive suisse.
4. Elle a pu ne pas voir la lettre. Sa sœur peut ne pas la lui avoir montrée.
5. Elle est capable de parler pendant deux heures sans regarder ses notes.
6. Est-ce que je pourrais venir demain matin ? Je ne voudrais pas vous déranger.
7. Bien qu'il soit le père, il ne pourra pas assister à l'accouchement. Le docteur y est opposé.
8. Finalement, ils ont retrouvé la clé et ils ont pu repartir avec leur voiture.
9. Si seulement je pouvais les avertir !
10. — Après tout, ils auraient pu gagner le match.
    — Non, ils n'auraient pas pu le gagner. La veille, ils avaient fait la fête jusqu'à trois heures du matin.
11. — Qu'est-ce qui se passe ? J'entends deux sonneries différentes.
    — C'est bizarre, je ne les entends pas. J'en entends une seule.
12. Il nous attendait à l'arrivée du train, et il nous faisait de grands signes, pour qu'on le reconnaisse.

## E. Emplois de *MUST* et de *HAVE TO*. Traduisez.

1. Désolé, il se fait tard, il faut que je parte. Ma femme doit commencer à s'impatienter.
2. Oui, d'accord, il s'est affolé, mais tu m'avoueras, il faut être vraiment idiot pour allumer un briquet quand on sent une fuite de gaz.
3. Il est vraiment bon, ce vin blanc. Tu l'as acheté chez le producteur ? Il faut que tu me donnes l'adresse.
4. Il lui faut près de deux heures pour aller à son travail. Tous les matins, il faut qu'il se lève à six heures.
5. — Vous avez entendu les pompiers, non ?
   — Bien sûr ! Il a dû y avoir un incendie dans le quartier.
6. Faut pas t'inquiéter. Tu le retrouveras. Quelqu'un a dû le voir et le rapporter aux objets trouvés.
7. Si cette chasse d'eau [ici, *toilet*] continue à fuir, il va falloir que je téléphone au plombier.
8. Ils gagnent à tous les coups. Il y a un truc, là, c'est pas possible.
9. Il faut quand même pas être un génie pour savoir résoudre un problème aussi facile !
10. Il faut que vous voyiez ce film, il est excellent.

## © F. Emplois de *CAN*, *MAY*, *MUST* et de formes de sens voisin. Traduisez.

1. — Je sens une odeur d'œufs pourris.
   — En fait, ça sent le gaz. Il doit y avoir une fuite.
2. — Pardon, Monsieur, je peux vous emprunter votre stylo une seconde ?

— Mais bien sûr ! Vous pouvez même le garder, il n'est pas à moi. Quelqu'un a dû l'oublier sur cette table hier ou avant-hier. Il ne doit pas valoir grand-chose.

3. — Toi, tu as les joues bien rouges. Tu dois avoir de la fièvre.
   — J'ai peut-être de la fièvre, mais je peux quand même travailler.
4. — J'ai pris un billet de loterie, mais je ne gagne jamais.
   — Il ne faut pas désespérer. Cette fois tu peux très bien gagner.
5. — Vous voyez cette masse blanche au-dessous du col ? — Oui.
   — Eh bien, c'est le refuge qu'il nous faut atteindre avant la nuit.
6. — Vous ne pourriez pas me réparer cette montre ?
   — Je vais d'abord vérifier la pile.
   — Ah oui, en effet, c'est peut-être la pile. Tous les combien il faut la changer ?
7. — Je voyais qu'un orage couvait. — Vous n'auriez pas pu nous le dire ?
8. Je regrette [utilisez le verbe *wish*] de ne pas avoir pu réserver avant notre départ.
9. Pourquoi n'êtes-vous pas venus chez nous hier soir ? Nous aurions pu vous loger.
10. Il est possible que j'arrive là-bas avant vous.
11. Il ne faut pas se faire d'illusions, il ne pourra pas remarcher avant quatre ou cinq semaines.
12. Il se peut qu'il ne soit pas encore arrivé, mais je préfère m'en assurer moi-même.
13. Il n'est pas possible qu'il soit rentré à Londres cette nuit.
14. Je ne crois pas que vous pourrez encaisser ce chèque. Il n'est plus valable, n'est-ce pas ?
15. Si malin que vous soyez, vous ne gagnerez jamais contre lui.
16. Son état ne pouvait qu'empirer, étant donné qu'il ne suivait même pas le traitement prescrit par le chirurgien.

## 3. *WILL* et *SHALL* (➤ *Grammaire* chapitre 9)

### A. Choisissez la forme qui convient. Si vous pensez que les deux sont possibles, expliquez la différence de sens.

1. I (shall / Ø) ask him when he (comes / will come).
2. Will you (stay / be staying) for dinner?
3. Can I borrow your ladder? I (will / am going to) pick cherries.
4. You (shall / will) not go until I (know / will know) the truth.
5. The hostages (should / would) have been released this morning.
6. What (shall / will) I do with all this extra fruit?
7. Whatever you (Ø / will) say (does / will) not influence my decision.
8. I (am going to / shall) attend to you as soon as I (Ø / shall) have served this customer.

### B. Forme pleine ou réduite (il s'agit de la prononciation). Dans quels cas faut-il obligatoirement une forme pleine de l'auxiliaire ?

1. What will you do if he loses his job?
2. If you will kindly step this way, Mr Grisby will see you in a minute.
3. If you will be so stubborn, there is no way I can help you.
4. He would do everything possible to make her comfortable.
5. He would do everything wrong just when we were counting on him.
6. You sit still. Max will get the drinks.
7. Whenever a new pupil arrived, the others would bully him.
8. Where shall I put these flowers?
9. Why should I do more work than anyone else?
10. They should be here by now. What can be keeping them?

### C. Les phrases conditionnelles. Formez trois phrases différentes, en respectant la concordance des temps.

Exemple : *If he (want) to go, we (drive) him* → *If he wants to go, we will drive him; If he wanted to go, we would drive him. If he had wanted to go, we would have driven him.*

1. If a wasp (sting) him, he (die).
2. If we (find) any interesting books, we (buy) them for you.
3. I (not speak) to him even if he (say) something first.
4. If he (see) her, he (give) her a hard time.
5. They (be) ill if they (drink) that water.
6. If you (leave) any money in your hotel room, no doubt someone (steal) it.
7. If he (sell) his house immediately, he (make) a good profit.
8. Barbara (not go) to the party unless George (come), too.
9. If you (put) hot water in that cold glass, it (break).
10. I (not do) any extra work unless they (pay) me for it.

### D. Pour chacune des phrases suivantes, mettez le verbe entre parenthèses à la forme appropriée.

1. Someone (trip) over your bag if you leave it in the doorway.
2. If you (switch off) your phone, it wouldn't have rung during Pr. McNeill's lecture.
3. I'll feel lonely unless one of you (stay) here with me.
4. That dress (fit) you all right if you weren't so plump.
5. I guess I would enjoy the film if you (not talk) so much.
6. If our team had won the match, we (celebrate) till morning.
7. I (help) you if I hadn't so much work myself.
8. You (not pass) if you hadn't answered that question on Elizabeth I.
9. If you heard the fire alarm, what you (do)?

10. If you (not eat) so much chocolate, you wouldn't feel sick now.
11. If you (do) some shopping, we wouldn't be having stale bread and cheese for dinner.

## E. Relations de cause à conséquence. Reformulez les éléments proposés sous forme de deux propositions coordonnées par *IF* ou *UNLESS*.

Exemple : *He missed his train. That's because his alarm clock didn't ring.* →*He wouldn't have missed his train if his alarm clock had rung.*

1. You'll never finish this essay in time. Perhaps you should cancel your evening out with Karen.
2. You'd better stop upsetting your secretary or she'll sue you for harassment.
3. Thanks to her godmother being a fairy, Cinderella attended the King's ball.
4. Look at you! You don't look healthy at all. That's because you smoke and drink too much.
5. Our flat is too small, which is why we haven't asked you over yet.
6. You don't really love me so you don't realise how much your behaviour hurts.
7. The neighbour told me everything she knew, which enabled me to find out the truth.

## F. Traduction du conditionnel français : attention, l'anglais a recours à des formes diverses selon le sens.

1. S'il m'avait écoutée, il n'aurait pas acheté cet appartement.
2. Vous n'auriez pas dû monter dans le cerisier. Vous auriez pu tomber et vous casser la jambe.
3. J'étais tellement content qu'elle me dise ça, je l'aurais embrassée !
4. Vous ne seriez pas le docteur Livingstone, par hasard ?
5. À votre place, je n'attendrais pas un jour de plus.
6. Heureusement que j'ai pu faire redémarrer la voiture. Autrement, j'aurais dû rentrer à pied à la maison.
7. Il se pourrait qu'il ait dû emprunter de l'argent.
8. — Vous feriez mieux de vous taire. — Vous aussi.
9. Ne lui proposez pas de l'aider à faire ses comptes, elle refuserait.
10. Je ne voudrais pas rater mon train. Vous voulez bien m'appeler un taxi ?
11. — Tu ne devrais pas le lui demander, il va se vexer. — Pourquoi il se vexerait ? On est amis, non ?
12. J'aurais voulu que tu le voies en train d'essayer de monter sur le cheval. J'aurais eu mon appareil, je faisais la photo du siècle !
13. Le Premier ministre aurait été hospitalisé d'urgence hier soir.
14. — Vous ne voulez pas une bière ? — Je préférerais une tasse de café.

15. Je suis désolé, monsieur, il n'y a plus de places. Vous auriez mieux fait de réserver.
16. Vous auriez intérêt à vous dépêcher, il est déjà huit heures moins le quart.

## G. Référence à l'avenir, équivalents anglais de « vouloir ». Traduisez, en utilisant *WILL*, *SHALL* ou *BE GOING TO* chaque fois que cela est possible.

1. Il a refusé de nous rendre les photos.
2. Nous vous inviterons à dîner dès que nous aurons fini d'aménager notre appartement.
3. Le 3 juillet 2004, il est élu à la tête du principal parti d'opposition, et, trois mois plus tard, il gagnera les élections.
4. Il va y avoir beaucoup de bruit, non ?
5. — Il faut aller acheter un kilo de pommes de terre. J'y vais ou tu y vas ?
   — Tu y vas. Pendant ce temps, j'épluche les carottes et je mets le poulet au four.
6. Il est vraiment pas radin. Tu lui demandes de te prêter vingt euros, il te les prête aussitôt.
7. Maman, ils ne veulent pas me laisser jouer à la PlayStation avec eux !
8. — Cessez immédiatement, ou j'appelle la police.
   — D'accord, j'arrête, mais faut pas vous énerver comme ça.
9. — Je ne signerai pas ce document ! — Tu le signeras ! — Non ! — Si !
10. Une seconde, s'il vous plaît, je vous ouvre.
11. — Alors, vous avez fait votre choix ? — Oui. Je prends les deux.
12. — Cette veste est tachée. Tu ne peux pas la mettre.
    — Je sais qu'elle est tachée, et je n'ai absolument pas l'intention de la mettre, je vais la donner à nettoyer.
13. — Il n'a rien mangé ?
    — Non. Il ne veut pas manger dans une assiette ébréchée.
14. — Tu veux que je te raccompagne en voiture, ou bien est-ce que tu préfères rentrer à pied ?
    — Non, je rentre à pied, puisque tu me proposes de me raccompagner avec tellement d'enthousiasme…

## H. Expression du comportement caractéristique ou de l'habitude. À chaque fois que c'est possible, utilisez un modal.

1. Tu vois, il s'achète des quantités de bonbons, mais jamais il n'en offrira à sa sœur.
2. Pendant les premières années de leur mariage, il n'oubliait jamais [utilisez le verbe *remember*] de lui offrir un cadeau pour son anniversaire.
3. Il n'oublie jamais de lui offrir un cadeau pour son anniversaire.
4. Il faut toujours qu'il critique ce qu'elle fait.
5. — Il a fait semblant de ne pas nous voir. — Ça ne m'étonne pas de lui.
6. Ne vous inquiétez pas, j'ai l'habitude de m'occuper d'enfants.

7. Tu as laissé toute la vaisselle sale dans l'évier! C'est bien toi. Tu me rendras folle !

## I. Emplois divers de *WILL / WOULD*, de *SHOULD*, et de formes non modales. Traduisez.

1. Vous aurez beau crier, personne ne vous entendra.
2. Vous auriez dû me dire que vous n'aimiez pas les côtelettes d'agneau. Je vous aurais donné du gigot à la place. Ah bon, vous n'aimez pas non plus ? J'aurais dû m'en douter.
3. Il ne fallait pas tailler ce prunier ! Ça risque de le tuer. Vous voyez, ça fait dix ans qu'il donne des prunes, et on ne l'a jamais taillé.
4. Vous avez trop chaud ? Voulez-vous que j'ouvre la fenêtre ?
5. — Maintenant il nous dit qu'il préfère y aller en avion.
   — C'est bien lui !
6. Et, comble de malchance, il a fallu que ce soit le directeur du marketing qui trouve le fax ce matin en arrivant.
7. À votre place, j'arrêterais de me faire du souci.
8. Pourquoi voulez-vous que sa famille s'inquiète ? Ça lui arrive souvent de ne pas donner de ses nouvelles pendant plusieurs semaines.
9. — J'espère que tu ne vas pas être malade. — Pourquoi je le serais ?
10. Tu arrivais deux minutes plus tard, tu ne me trouvais pas.
11. Il devrait être là depuis un bon quart d'heure. Il a dû manquer le dernier métro.
12. C'est triste qu'ils aient été obligés de renoncer alors qu'ils étaient si près du sommet.

# 4. *OUGHT, NEED, DARE* et expressions de modalité

(➤ *Grammaire* chapitre 10)

## A. Ajoutez *TO* s'il le faut.

1. Does he need … have his car serviced so soon?
2. Of course you needn't … ask permission every time.
3. I wonder if anything needs … be added to that mixture.
4. No one needs … wear a coat in this climate.
5. I suppose they need … study before the exam.
6. She asked if she needed … change the sheets after just one night.

## B. *MUSTN'T / NEEDN'T / NOT HAVE TO*. Complétez en fonction du contexte, en utilisant l'une de ces tournures avec la base verbale ou *HAVE + -EN*.

1. Nothing new came up at the meeting. I (go).

2. You (worry); it's bad for your health.
3. You (look) at me that way; I'm not going to bite you.
4. We (wait) long, as they arrived just a few minutes after we did.
5. We (make) the job sound too difficult or he will turn down our offer.
6. You (leave) immediately; the buses run frequently at this time of day.
7. The children walk to school alone; they (cross) any streets to get there.
8. She (go) out of her way to deliver the message; a phone call would have sufficed.
9. She (pay) for her lunch; her boss invited her.
10. You (speak) so harshly to that child; you're frightening him.

## C. Traduisez. Lorsque cela est possible, utilisez le modal *NEED* ou le modal *DARE*.

Dans plusieurs cas, il vous faudra utiliser les verbes *NEED*, *DARE*, ou une autre forme verbale.

1. Vous n'aviez pas besoin de courir, vous êtes en avance.
2. Avec le nouveau système, pas besoin d'attendre, mais il faut prendre rendez-vous la veille au plus tard.
3. Si vous avez besoin d'aller aux toilettes, vous appelez l'infirmière.
4. Tu vois, c'était pas la peine de t'affoler. Il est pas cassé, ton poignet, c'est juste une petite entorse.
5. Moi, je crois qu'il a besoin de faire un peu d'exercice.
6. Et il ose se plaindre, après tout ce que nous avons fait pour lui !
7. Ce n'est pas la peine de crier, j'entends très bien ce que tu me dis.
8. Nous n'avons pas eu besoin de le lui dire, elle a compris toute seule.
9. Non, ce n'est pas la peine que vous restiez, je vais me débrouiller toute seule.
10. Vous avez besoin d'une voiture ?
11. Comment osez-vous me poser cette question ? Vous connaissez parfaitement la réponse.
12. Tu sais, t'avais pas besoin d'aller raconter ça au patron.

## D. Complétez par *MUST*, *BE + TO*, *HAVE TO*, selon le contexte.

1. The health inspector … visit the school dining halls next week.
2. It's not fair! I always … do the unpleasant chores.
3. If another such incident occurs, you … report it to me at once.
4. We are having a new refrigerator delivered, so I … stay in this morning.
5. Now, remember, you … sit still and do exactly as you are told.
6. There is another scratch on the car. You really … be more careful when you park.
7. Her memory is failing. She … write everything down.
8. I heard you … appear on television again.

## E. Équivalents divers de « devoir », emplois de *BE + TO*. Traduisez.

1. Il est tombé gravement malade le 23 octobre. Il devait mourir quelques jours plus tard.
2. — Je viens vous dire au revoir. — Vous partez déjà ? — Oui. J'aurais même dû partir hier, mais je n'ai pas pu à cause de la grève.
3. Vous ne devez pas fumer dans cette pièce.
4. Le Premier ministre doit donner une conférence de presse télévisée demain soir à huit heures.
5. Cet après-midi-là, ils devaient venir jouer au bridge chez moi, mais ils ont dû emmener leur chien chez le vétérinaire.
6. Mais bien sûr que je le connais. On doit déjeuner ensemble la prochaine fois qu'il viendra en France.
7. — C'est lui qui est à blâmer, dites-vous…
   — Non, je dis qu'il est plus à plaindre qu'à blâmer.
8. Finalement, son invention devait se révéler [utilisez le verbe *prove*] très utile.
9. On a cherché partout, mais impossible de trouver le tire-bouchon. Quelqu'un avait dû l'emporter par inadvertance. Finalement, on a dû aller chez le voisin pour lui emprunter le sien, et bien sûr il a fallu qu'on l'invite.
10. Ils sont arrivés trop tard, il n'y avait plus rien à faire.

## F. Reformulez en utilisant *APT*, *BOUND*, *DUE*, *LIABLE*, *LIKELY*, *SUPPOSED* ou *SURE* suivi d'un infinitif.

1. It is highly probable that a storm will break out before nightfall.
2. It is inevitable that your father will find out that you used the car.
3. There is some danger that Samantha will forget to lock the house.
4. I am convinced that our team will lose again.
5. They hit it off well, as I knew they would.
6. There will undoubtedly be a complete security check at the airport.
7. It is characteristic of William to poke his nose into other people's business.
8. It is said that the weather will improve tomorrow.
9. As I know Amy, she may well sprain her ankle on the hike.
10. The plane's scheduled arrival time was two hours ago.

## G. Expressions de modalité diverses, modaux. Traduisez.

1. Il lui arrive souvent d'oublier ses promesses, non ?
2. Il est peu vraisemblable qu'ils arrivent demain.
3. Vous savez que vous deviez être là à seize heures ? Ça fait trois quarts d'heure que nous vous attendons.
4. Il vaudrait mieux qu'on les attende ici, non ? Si on continue, ils risquent de croire que notre autobus n'est pas encore arrivé.

5. Elle n'avait pas besoin d'acheter autant de sandwichs. Nous n'allons jamais pouvoir manger tout ça.
6. — Vous ne voulez pas prendre un verre ?
   — Non, je préfère pas, je conduis.
7. Il se trouve que je suis membre de l'association dont vous venez de parler.
8. Si, il sait conduire mais, comme tous les Anglais, il a l'habitude de conduire une voiture qui a le volant à droite. C'est pour ça qu'il préfère ne pas prendre votre voiture pour aller au village.
9. Ce n'était pas la peine que tu appelles un serrurier, finalement on a pu entrer par la fenêtre de la salle de bains.
10. Je préférerais que vous attendiez ici, si ça ne vous dérange pas.
11. Quand il y a autant de circulation, c'est inévitable qu'il y ait des accidents.
12. Il travaille beaucoup plus qu'autrefois.
13. Il lui arrive d'être très désagréable.
14. On était sur le point de partir quand il a sonné.
15. Il devrait être déjà arrivé. Il a dû rencontrer un copain et s'arrêter au bistrot au coin de la rue. Ça lui arrive de temps en temps.

# 5. Subjonctif, impératif, modes impersonnels

(➤ *Grammaire* chapitre 11)

## A. Subjonctif. Reformulez en commençant par l'amorce fournie et en utilisant le subjonctif lorsque cela est possible.

Exemple : *On his insistance, we postponed the meeting until his return. (He insisted…)* → *He insisted that we postpone the meeting until his return.*

1. Here is the plan: everyone is to get up at dawn. (The plan is…)
2. I wish that you would listen when I speak. (I'd rather…)
3. His real identity had to be kept secret; this was essential. (It was essential…)
4. The little boy might as well be a dog, judging from the way he follows his mother around. (The little boy follows…)
5. Whatever happens, you are not to deviate from the original plan. (Come…)
6. I don't think he will carry out his threat; he would regret it all his life. (Utilisez une inversion.)
7. The staff has made a request: they want to finish earlier on Fridays. (The staff has requested…)
8. The boss is terribly strict; otherwise, he might comply with their wishes. (Utilisez une inversion.)

## B. Subjonctif, *SHOULD* + *V*, ou indicatif non modal ? Traduisez en employant le subjonctif toutes les fois que cela est possible.

1. Je suggère que le président de notre association convoque une réunion extraordinaire pour le premier samedi du mois prochain.
2. Leur recommandation principale a été qu'elle ne regarde pas la télévision tard le soir.
3. Si j'étais vous, je retapisserais la cuisine moi-même.
4. Il a exigé qu'elle soit présente dès sept heures, à l'ouverture du magasin.
5. Vive la mariée !
6. Il est extrêmement important [= *essential*] qu'elle puisse participer à la course.
7. Quoi qu'il en soit, nous ne pouvons pas revenir sur cette décision.
8. Que le ciel nous aide s'il vient à découvrir que son Dali n'est pas authentique !
9. J'ai toujours estimé préférable [= *to think it preferable*] qu'il ne soit pas associé à ce projet.
10. Il est vital qu'il prenne conscience de ces difficultés.
11. Il est surprenant qu'il connaisse votre sœur. Elle n'a jamais quitté l'Australie, n'est-ce pas ?
12. Le ciel nous préserve de le voir s'installer dans cette maison !
13. C'est tout à fait normal qu'il ait été récompensé pour son aide.
14. Est-ce que vous insinuez [utilisez le verbe *suggest*] que j'ai fait cela délibérément ?

## C. Impératif. Trouvez au moins trois manières différentes de suggérer chaque événement, en vous servant de l'impératif et de constructions en *WHY*, *WHAT ABOUT*, *WHAT IF*, *I SUGGEST* (*PROPOSE*, *RECOMMEND*, *ADVISE*, etc.). Essayez de varier vos réponses en fonction du sens.

Exemple : *you go home* → *Go home / Why not go home? / What if you were to go home? / I suggest you go home.*

1. you — have some more wine
2. you — not talk so loudly
3. we — go for a swim
4. we — not start another game
5. we — try to find a cheaper hotel
6. you — tell the truth for a change

## D. Ajoutez *TO* lorsque cela s'impose.

1. … live in peace is everyone's dream.
2. '… live and … let live' is his motto.

3. Why … spend more than you need …? Read our new brochure 'How … get your money's worth'.
4. 'Lucky thing, … get the chance to go up in a balloon!' 'Me, … go up in a balloon? I'd rather … be hanged!'
5. 'Why not … come round for a drink before dinner?' 'Thanks, I'd be pleased …'

### E. Impératif ; emplois divers de l'infinitif (avec ou sans *TO*) dans des propositions indépendantes. Traduisez.

1. — Commençons tout de suite, vous voulez bien ? Ça ne sert à rien d'attendre. — Bon, d'accord.
2. Ne faites pas tant d'histoires et dites-moi franchement ce que vous voulez. Vous préférez que ce soit moi qui prenne le siège avant, non ?
3. Ne l'invitons pas. Il se mettrait à parler politique avec Tracy, et ils se disputeraient.
4. Pourquoi partir si tôt ? De toute façon, il va falloir qu'on attende que la voiture soit réparée, et le garagiste nous a dit qu'elle ne serait pas prête avant midi.
5. Toi, tu la fermes !
6. Qu'il me téléphone jeudi soir, je verrai ce que je peux faire pour lui. Je pourrai au moins lui donner des conseils, à défaut d'aide financière.
7. Moi, lui présenter des excuses ? Vous plaisantez !
8. Asseyez-vous, tout le monde.
9. Asseyez-vous, je vous en prie !
10. Il s'est procuré plusieurs ouvrages, notamment *Comment se maintenir en forme* et *Pourquoi dépenser plus ?*

## 6. Révision

### A. Modalité et négation. Reformulez en employant une forme négative, et en apportant toutes les modifications nécessaires afin de conserver le sens initial.

Exemple : *You may leave now.* → *You needn't stay any longer.*

1. He must have been joking.
2. You must remember to thank those people for their help.
3. You may go on playing if you feel like it.
4. Your friend may have missed the bus.
5. That must be a rather boring book.
6. They should be more polite to their teachers.
7. You ought to smoke a bit less.
8. Why go so far away for the holidays?
9. I'd rather you slept in another room.

10. I'd rather pay later.
11. We used to see each other more often.
12. We had to remain standing throughout the ceremony.

## B. Mettez le verbe à la forme qui convient, en ajoutant un modal si possible.

1. The concert (begin) half an hour ago. There is no excuse for such a delay.
2. He (neg. + come) by motorcycle. He hasn't got a licence.
3. The captain ordered that the sergeant (relieve) him.
4. She stared at me as if I (be) a ghost.
5. If only my father (be) here now. He (fix) the broken switch easily.
6. I'd sooner no one else (hear) what I have to say.
7. You (neg. + bring) such a large bottle. There are only two of us.
8. It was inconsiderate of her to say that. She (hold) her tongue for once.
9. He didn't seem surprised when I told him. He (know) about it already.
10. If the postman (neg. + be) on strike, your letter (get) there in time to warn them. But under the circumstances, you (do) better (send) a telegram or a fax.

## C. Expliquez la différence de sens entre les deux phrases.

1. We did not need to ask our way. / We need not have asked our way.
2. When shall we stop working? / When will we stop working?
3. Why must you disagree with everything I say? / Why should you disagree with everything I say?
4. He used to swim in that icy river. / He was used to swimming in that icy river.
5. The smaller children could slip in unnoticed. / The smaller children were able to slip in unnoticed.
6. If you were to stop now, you would regret it. / If you had to stop now, you would regret it.
7. They had better reconsider the question. / They would do better to reconsider the question.
8. May the best team win. / Let the best team win.

## D. Reformulez les parties soulignées des phrases suivantes en utilisant des auxiliaires modaux.

1. This was delicious, Mary. <u>You certainly spent</u> hours in the kitchen to achieve such results.
2. Didn't your friends say they <u>were likely to arrive</u> late?
3. <u>Have you learnt how to play</u> golf?
4. <u>It's possible that my husband cancelled</u> his appointment with Dr. Maxton.
5. <u>I wish you had called</u> to tell me you were working late tonight.

6. I allow you to borrow my dictionary, but don't forget to give it back to me!
7. I have no intention of disturbing you any longer.
8. If you don't tell me the truth, I promise never to talk to you again.

## E. Emplois de *CAN*, *MAY*, *BE ABLE TO*, etc. Traduisez.

1. Si je comprends bien, vous pouviez boire de l'alcool quand vous étiez enfants. Vous auriez pu devenir alcooliques !
2. — Vous n'aviez pas la priorité.
   — Peut-être que j'avais pas la priorité, mais vous, vous rouliez trop vite.
3. La soirée a été organisée en votre honneur. Vous ne pouvez pas ne pas venir.
4. Franchement, il exagère. Une bonne mise au point, ça ne lui ferait pas de mal [Utilisez *do with*]. Vous ne croyez pas ?
5. — Ne vous inquiétez pas, ils sont en sécurité.
   — Que Dieu vous entende !
6. Il pourrait être un peu plus attentionné avec elle.
7. Méfiez-vous, il peut faire très froid à cette altitude en hiver.
8. Il peut être très gentil, mais également très cassant.
9. À partir de maintenant, je ne garantis plus rien. Tout peut arriver.
10. Aussi étrange que cela puisse paraître, il les a attendus pendant plus de deux heures.
11. Il aurait pu apprendre le portugais, s'il avait voulu. Il a passé trois ans au Brésil, après son mariage avec Maria.

## F. Modes et modalités. Traduisez.

1. Je ferai tout ce que je pourrai pour vous aider, mais je ne crois pas que je pourrai grand-chose.
2. C'est une émission en direct, et il est probable que beaucoup de téléspectateurs la regarderont.
3. — Il doit y avoir un moyen de réparer cette voiture. Je crois qu'on ferait mieux de téléphoner au concessionnaire qui nous l'a vendue.
4. — J'avais oublié ma calculatrice chez moi.
   — Tu aurais pu me le dire. Je t'aurais prêté la mienne.
5. — Tu ferais mieux de faire un peu d'exercice et de manger moins.
   — Et toi, tu ferais mieux de t'occuper de tes affaires.
6. C'est sûr, ça a coûté une fortune !
7. Ce qu'il te faut, c'est une radio avec les ondes courtes. Tu pourras écouter le World Service de la BBC quand tu seras là-bas.
8. Elle n'a pas eu besoin de lui dire ce qu'elle pensait de sa suggestion. Il a compris rien qu'à voir la tête qu'elle faisait.
9. Pourquoi se lever à cinq heures du matin ? Les journées sont longues au mois d'août, on n'a pas besoin de partir dès le lever du soleil.
10. Il devait partir pour Los Angeles mercredi dernier, mais il change toujours d'avis à la dernière minute.

11. Je commence à me sentir fatigué. J'aurais bien besoin de quelques jours de vacances.
12. Il se peut que la réunion ait commencé à l'heure, mais nous ne devons pas être très en retard : ils n'ont pas encore fermé les portes.
13. Vous n'imaginez pas les problèmes auxquels ils doivent faire face quotidiennement.
14. Le blessé a été emmené à l'hôpital très rapidement, et les chirurgiens ont pu le sauver.

## G. Traduisez.

1. J'aurais mieux aimé que vous n'en parliez pas.
2. — Il arrivait toujours dix minutes en avance.
   — Il devait se lever vraiment tôt.
3. Si j'avais mon permis de conduire, je pourrais louer une voiture.
4. S'il pleuvait, il faudrait qu'ils prennent un taxi.
5. Il a fallu qu'ils prennent le train de sept heures du matin.
6. Cette fois, il pourrait ne pas avoir raison.
7. Il avait dû croire que le rendez-vous était annulé.
8. Est-ce qu'ils ont pu le vendre un bon prix ?
9. C'était fatigant parce qu'il devait se lever tôt tous les matins.
10. Ça a été difficile, mais il a pu ouvrir la bouteille.
11. Je n'ai pas pu m'empêcher de lui dire que c'était une idée absurde.
12. Il y aura vraisemblablement des difficultés.
13. Il y aura sûrement des difficultés.
14. Il y aura peut-être des difficultés.

## H. Impératif et emplois divers de l'infinitif (avec ou sans *TO*) dans des propositions indépendantes. Traduisez.

1. Arrêtons de bavarder, il faut qu'on ait fini ce travail avant la nuit.
2. Ne les regardons pas.
3. Pourquoi ne pas le lui dire ? Il finira bien par l'apprendre tôt ou tard. Et je pense que vous feriez mieux de l'informer vous-même.
4. — On lui téléphone ? — Oui, d'accord.
5. Permettez-moi de vous dire que je n'apprécie pas votre façon de mener les négociations.
6. Surtout, qu'elle n'ouvre pas la fenêtre ! Il fait trop froid.
7. Vous avez aimé la purée ? Eh bien, reprenez-en donc !
8. Qu'ils fassent ce qu'ils veulent, ça m'est complètement égal. Mais ensuite, qu'ils ne me demandent pas de réparer leurs bêtises.
9. Comment savoir s'il est sincère ou non ? Il nous a déjà menti plusieurs fois.
10. Pourquoi se dépêcher ? Nous avons le temps, la réunion ne commencera pas avant une demi-heure.

# SECTION 4

## Noms et détermination

➤ *Grammaire* chapitres 12, 13, 14, 15

## 1. Types de noms (➤ *Grammaire* chapitre 12)

### A. Mettez les noms qui suivent (a) au pluriel, (b) au singulier. Attention aux pièges !

**(a) au pluriel :**

| | | |
|---|---|---|
| wolf | bus | grandchild |
| mouse | church | madman |
| sheep | series | sister-in-law |
| potato | means | woman doctor |
| news | memory | |

**(b) au singulier :**

| | | | |
|---|---|---|---|
| shorts | species | stimuli | mumps |
| jeans | news | bases | politics |
| means | geese | tomatoes | earnings |

### B. Pluriels irréguliers. Traduisez.

1. Toutes leurs hypothèses sont fausses.
2. Vous avez peur des souris ?
3. Les voleurs ont tout emporté.
4. Leurs vies ne sont pas menacées.
5. Peu d'anciens élèves de Harvard se retrouvent au chômage.
6. Quels sont vos critères pour sélectionner les candidats ?
7. C'est une espèce en voie de disparition.
8. Les moutons ont mangé toutes les feuilles.
9. Les femmes des joueurs ont assisté à tous les matchs.
10. Le gâteau a été coupé en deux moitiés.

### C. Les noms suivants ont un sens différent selon qu'ils sont au singulier ou au pluriel. Écrivez une phrase pour chacun de leurs sens.

scrap   blue   damage   brief   look   time

## D. Mettez au passif en commençant par le groupe nominal souligné. Ne mentionnez l'agent que s'il est nécessaire.

1. Somebody called <u>the police</u> as soon as the fire broke out.
2. The papers described <u>the series of murders</u> in such detail that it was disgusting.
3. We have finally sold the old furniture from Aunt Dorothy's place.
4. The hairdresser cut <u>Sherry's hair</u> in the latest style.
5. She lost <u>her belongings</u> during the storm.
6. Ten porters carried <u>Ava's luggage</u> into her seven-room suite at the Ritz.
7. People already played <u>draughts</u> in the Middle Ages.
8. Thousands of tourists visit <u>Wales</u> every summer.

## E. Reprises. Complétez, en fournissant les pronoms, les noms, les déterminants et les formes verbales qui permettent de former des énoncés cohérents.

1. The contents of the file … revealed by the press.
2. Salmon cannot survive in polluted streams, can … ?
3. … spaghetti … not cooked! I can hardly chew ….
4. There is talk of hiring new staff: … … arrived yet?
5. … Smith is a widower. I believe … … died in a car accident a few months ago. [attention, problème de genre ici]
6. Linguistics … my favourite subject when I was a student.
7. Before the mad cow disease epidemic, my uncle's cattle … considered among the finest in the country. He watched over … night and day.
8. Measles … highly contagious, but you can only get … once in your life.
9. 'Dice … a form of gambling, … … ?' 'Since when have you become a saint? Roll the dice and pass … over.'
10. The audience clapped … hands and stamped … feet for more than ten minutes at the end of the performance.

## F. Lorsque cela est nécessaire, ajoutez un dénombreur (➤ *Grammaire* 12.2.5).

1. Don't forget to pick up a (bread) on your way home.
2. Have another (toast) if you still feel hungry.
3. I am only taking along two (trousers). That should be enough for one week.
4. This (news) is the best I have heard in ages!
5. Is there any (evidence) to suggest he committed both crimes?
6. That (furniture) is one of my favourites; I would hate to part with it.
7. How long after the last (lightning) did you hear the (thunder)?
8. She does not buy many (clothes), but those she buys are the height of fashion.

9. Loud (laughter) could be heard coming from the other room.
10. You have been most helpful. May I trouble you for just one more (information)?

## G. Catégories nominales. Traduisez.

1. Quelle soirée ! J'ai rencontré un Irlandais. Il jouait de la cornemuse quand je suis arrivé, ensuite il a raconté des histoires. Il parlait un drôle d'anglais.
2. Il y a une de ces circulations ce soir ! Le carrefour devant la caserne était complètement embouteillé.
3. — Qu'est-ce qu'il y a comme nouvelles aujourd'hui ?
   — Le président Finch a remercié les Américains de l'avoir réélu, avant de retourner jouer au billard.
4. Maman, mon jean est sale, je le mets à la machine ?
5. Nous avons visité l'Irlande l'année dernière ; Bernard a beaucoup aimé la bière, mais les enfants ont surtout adoré les moutons et les chevaux.
6. Pas beaucoup de meubles dans cette pièce. Ça me rappelle une cellule.
7. Je suis sûre que nous aurons un temps magnifique.
8. — Et tes devoirs, Stephen ? — T'inquiète pas, maman, je les ai faits chez Kevin cet après-midi.

# 2. Articles *A / AN*, *THE* et Ø (➤ *Grammaire* chapitre 13)

## A. Complétez en ajoutant le déterminant qui convient (*A / AN*, *THE* ou Ø).

1. My neighbour is ... travel agent. You could ask him for ... information about ... United States and ... Canada.
2. In ... fairy tales, ... toads are turned into ... princes with ... kiss. But in ... real life, ... toad is ... endangered species.
3. While looking for ... source of ... River Nile in ... eastern Africa, Speke, ... British officer, discovered ... lake which he called ... Lake Victoria in honour of ... Queen Victoria herself.
4. — I've had ... headache since this morning, and now I've got ... sore throat.
   — Why don't you call ... doctor Morton?
5. As a rule, ... children are afraid of ... darkness. But when you were ... child, you insisted on sleeping in ... dark.
6. — There's ... Charles Windsor on the phone for you. — You mean, ... Charles Windsor? — Well, he didn't say. But I doubt ... Prince of Wales would call you.
7. When ... World War II broke out, ... Uncle Pat joined ... Royal Air Force and became ... fighter pilot.
8. To make ... custard, you will need ... milk, ... sugar and ... eggs. You will only use ... yolks, so keep ... whites for some other use.

## B. Expliquez la différence de sens entre les deux compléments, avec ou sans article.

1. Ferdinand Gluck is now in office / in the office.

2. I'd like to reserve a room for next week / for the next week.
3. After dinner / After the dinner, we plan to attend a chamber music concert.
4. I worked very hard at school / at the school all day.
5. We visited six nuclear plants last month / We've visited six nuclear plants in the last month.

### C. Article *THE* ou déterminant Ø ? Traduisez.

1. L'homme existe sur terre depuis des millions d'années.
2. Seuls les riches peuvent se permettre d'aller passer des vacances là-bas.
3. Il veut que son fils apprenne l'anglais, le violon et le yoga.
4. Le dimanche, les banques sont fermées.
5. Elle a les yeux bleus et les cheveux noirs.
6. Le jaune de votre chemise me plaît beaucoup. Pourtant, je n'aime pas le jaune, d'habitude.
7. Vos invités arrivent dimanche, non ?
8. Après le repas de midi, nous sommes allés nous promener au bord de la mer.
9. Les échecs ne sont pas un jeu facile. Je pense que vous feriez mieux de jouer au scrabble. Et peut-être que ça vous apprendrait l'orthographe.

### D. Article *A / AN*, article *THE*, déterminants divers. Traduisez.

1. Il les a écoutés avec une patience remarquable.
2. Quand il nous a téléphoné, nous étions arrivés depuis deux bonnes heures.
3. Ils l'ont élu président du club.
4. Un jour, ils ont fait du feu dans la clairière [= *clearing*].
5. Je voudrais acheter un sac de voyage. Vous n'en avez pas un avec bandoulière ?
6. Regarde, les truites sont à dix livres le kilo. Si on en achetait, pour changer ?
7. Le soir, elle travaille comme caissière dans un supermarché.
8. — Quel idiot ! Tu m'as fait peur !
   — Je l'ai fait exprès, comme tu as le hoquet [= *hiccups*].
9. Ton imbécile de cousin croit qu'il pourra gagner sa vie sans rien faire.
10. Il vous faudra changer de train à Birmingham.

## 3. Les quantificateurs (➤ *Grammaire* chapitre 14)

### A. *SOME* ou *ANY*. Complétez par *SOME* ou *ANY*. Si les deux sont possibles, expliquez la différence de sens.

1. He refuses to answer … questions.
2. Isn't there … way to please her?
3. What is the use of taking … more lessons?

4. You can cash these traveller's cheques at … bank.
5. If … man alive can make him change his mind, it is you.
6. Come and see us … weekend this month.
7. … of my socks are missing. Did I leave … at the laundry, do you suppose?
8. Why don't you wear … earrings?
9. Didn't I give you … money yesterday? You can't have spent it already!
10. Haven't I offered you … thing to drink? How absent-minded I'm getting!

## B. Quelle est la prononciation de *SOME* : [sʌm] ou [səm] ? Si les deux sont possibles, expliquez la différence de sens.

'Could you pick up some fruit on the way home? I thought there was some left, but all I could find were some overripe bananas. I've asked some people in after the show, and I thought it would be nice if there were some sort of dessert to offer them.'
'Fruit? That's some dessert! Why don't you make some of those ginger biscuits of yours? We haven't had anything exotic for some time.'
'O.K., but we'll need some fruit nevertheless. Some people don't like spicy sweets.'
'Well then make some trifle with those bananas, in addition to the biscuits. That should be bland enough for queasy stomachs.'
'So you're suggesting some more work for me, are you? I've never heard so much quibbling over a tiny errand. Is there some reason for your *not* buying fruit?'

## C. Insérez le déterminant qui convient : *LITTLE* ou *FEW*, *A LITTLE* ou *A FEW*.

1. There is … chance of ever finding the climbers who got lost in the storm.
2. … minutes later, the bomb exploded. Fortunately, only … people were injured and no-one was killed.
3. Astronomy is such a difficult subject that … people study it.
4. There is enough room in the back for … luggage.
5. Give him … time and he'll find the answer.

## D. Expression de la totalité. Traduisez.

1. Ce jour-là, il a plu toute la matinée.
2. Toute l'essence a pris feu d'un seul coup.
3. Ils ont emporté tous les meubles.
4. L'usine fabrique des puddings de Noël toute l'année.
5. La marque est connue dans le monde entier.
6. Le festival a lieu tous les deux ans.
7. Tu as vraiment lu tout le dictionnaire ?

8. Tous les dictionnaires se trompent, de temps en temps.
9. Regardez bien toutes les photos, vérifiez tous les détails.
10. Il a perdu tous ses cheveux après avoir bu de la vodka frelatée.
11. Il faut que je jette toutes ces cochonneries.
12. J'adore toutes ces musiques.
13. Pendant tout le voyage, il n'a pas cessé de râler.
14. Tous les dégâts ont été remboursés.
15. Bois tout ton lait.

## E. Traduisez en employant *ALL*, *ALL THE*, *ALL OF*, *MOST*, *MOST OF*.

1. Toutes les voitures ont une roue de secours.
2. Toutes les voitures ont été vérifiées avant le départ.
3. Tous les billets de banque portent un numéro.
4. J'ai ciré toutes les chaussures. Qu'est-ce que je fais après ?
5. — Tous les éléphants se ressemblent. — Non, ils n'ont pas tous de grandes oreilles.
6. Tous les vêtements sont dans la grande valise.
7. Tous les vêtements vendus dans ce magasin sont de la meilleure qualité.
8. La plupart des vêtements vendus en Europe sont fabriqués en Asie.
9. La plupart des gens ont la télé, de nos jours.
10. La plupart du temps, ils regardent la télé.
11. La plupart des grands succès sont enregistrés à Nashville.
12. J'ai regardé l'émission que tous les jeunes adorent. La plupart des chansons étaient mauvaises.
13. La plupart des chansons françaises sont des traductions d'airs américains.
14. Comme la plupart des Français, il parle assez mal l'anglais.
15. La plupart des gens ont réussi à sortir avant l'arrivée des pompiers.

## © F. Traduisez les phrases en utilisant chaque fois que possible un terme du système du duel (➤ *Grammaire* 14.8). Quand vous avez fini de traduire, modifiez les phrases pour qu'elles fassent référence à une quantité supérieure à deux (elles ne devront plus contenir de terme duel ; d'autres changements seront peut-être nécessaires).

1. Leurs deux enfants ont des taches de rousseur, et pourtant aucun n'est roux.
2. Il a fait deux films, mais je n'en ai vu aucun.
3. Vous pouvez vous servir de ces ciseaux avec l'une ou l'autre main, indifféremment.
4. Ils passaient deux films, mais ils étaient tous les deux mauvais.
5. J'ai rencontré le président et le vice-président, mais aucun ne m'a donné une réponse satisfaisante.
6. — Vous préférez le whisky écossais ou irlandais ?
   — Aucun des deux.

7. — Vous voulez un crayon rouge ou un crayon noir ?
   — N'importe lequel fera l'affaire.
8. Les deux chaussures ne sont pas de la même couleur.

## G. Combinez les déterminants de la colonne de gauche avec les noms de la colonne de droite. Tout n'est pas possible, mais certains termes entrent dans plusieurs combinaisons.

| | | |
|---|---|---|
| 1. | both | the books |
| | both of | books |
| | all of | their books |
| 2. | most | cars |
| | most of | the cars |
| | all | those cars |
| 3. | either | cars |
| | either of | car |
| | neither | those cars |
| 4. | both of | cake |
| | most of | the cake |
| | all of | the cakes |
| | | cakes |

## H. Expliquez la différence de sens entre les deux phrases.

1. She went out with some boy. / She went out with some boys. [Dans quel cas peut-on utiliser une forme réduite ?]
2. Isn't there any beer in the cellar? / Isn't there some beer in the cellar?
3. I have never met any of those people. / I have never met some of those people.
4. She generally smokes a cigarette after lunch. / She generally smokes one cigarette after lunch.
5. The cat ate the whole fish. / The cat ate all the fish.
6. Whole chapters of the book will have to be rewritten. / All the chapters of the book will have to be rewritten.
7. Every three verses, we sang in unison. / We sang all three verses in unison.
8. Little time will be required to finish the job. / A little time will be required to finish the job.
9. No lawyer would take on that case. / Any lawyer would not take on that case.
10. I'm prepared to comply with every request you make. / I'm prepared to comply with any request you make.

## 4. Les démonstratifs : *THIS* et *THAT* (➤ *Grammaire* chapitre 15)

### A. Complétez en ajoutant *THIS*, *THAT*, *THESE* ou *THOSE*, selon le cas. Si aucun de ces termes ne convient, trouvez une autre solution.

1. (Looking up from the newspaper): Listen to … ! Do you remember … fancy sports car I saw parked on the wharf last week? The paper says it was there as a decoy to keep the police occupied while a big drug transfer was going on. Isn't … something?
2. I haven't got … many friends, but … I have are worth everything to me.
3. I'd like a piece of … fabric you've got on the top shelf. How much would I need to cover an armchair about … wide?
4. Look at … girls giggling in the back row. … in the brown cardigan lives on my street.
5. 'The information I have just given you is more up-to-date than … in the encyclopedia.' 'Thanks, I really appreciate …'
6. 'Mother, I'd like you to meet my friend Isabel. Isabel, … is my mother.' 'Oh! Your mother looks so much younger than … of my other friends!'
7. … last few months have been rather difficult for them. I hope that … to come will be easier.
8. … house she has just bought is a lot bigger than … she lived in as a child.

### B. Emplois divers de *THIS* et *THAT*. Traduisez.

1. Vous prenez cette rue, là-bas, à gauche, après le cinéma, et tout de suite sur la droite vous allez voir un café, et cent mètres après un second café, eh bien c'est celui-là.
2. Ici la BBC. Voici les dernières nouvelles, avec Karen Pullman.
3. Qui c'est, celui-là ?
4. Mais non, il n'est pas si hypocrite que ça !
5. Voilà, c'est tout ce que j'avais à vous dire. À la semaine prochaine, dans cette même salle.
6. Allô ? Bonjour, c'est Max. C'est toi, Anne ?
7. Un de ces jours, tu vas mettre le feu à la maison, avec ton foutu réchaud à gaz [= *gas stove*].
8. Vous verrez, il y a un grand lac, et dans ce lac vous attraperez des poissons grands comme ça !
9. Qui est-ce qui est allé mettre ces gros dictionnaires sur l'étagère du haut ?
10. Je suis heureux de vous accueillir dans cette maison, qui est un peu la vôtre, puisque vous y êtes né.
11. Déjà six heures dix ! Je ne croyais pas qu'il était si tard que ça.
12. Passe-moi cette bouteille, je vais la déboucher.
13. Qu'est-ce que c'est, ce bruit ?
14. Je viens de trouver ce porte-monnaie. Il n'est pas à toi, Maggie ?

## 5. Révision

### A. Insérez le déterminant qui convient parmi la liste suivante (mais tous ne seront pas utilisés) : Ø, *THE*, *A / AN*, *SOME*, *ANY*, *NO*, *MUCH*, *MANY*.

1. It's … long time since we had such … lovely weather.
2. Do have … fruit. … bananas are rather green, but … oranges are very juicy.
3. … Professor Smith is an authority on … treatment of … cancer by a new method that was mentioned on … TV … last night.
4. … fox has disappeared from … south of France.
5. Don't give them too … information.
6. … Greenland is not the coldest place on earth.
7. Why don't you study … Chinese history?
8. Ask … first-year student! They'll tell you that … grammar is boring.

### B. Déterminants *THE*, *A / AN* ou Ø. Traduisez.

1. La police n'a pas encore retrouvé les bagages qui ont été volés hier à la gare Victoria.
2. Le capitaine Cap connaît bien le détroit de Gibraltar.
3. Il aime beaucoup le vin blanc italien.
4. Je préfère les épinards que vous m'avez servis la semaine dernière.
5. L'année suivante, ils ont escaladé le mont Fuji-Yama.
6. Les gens sont imprudents. Ils s'exposent au soleil pendant des heures sans protection.
7. Le vieux Jack leur a raconté ses vacances aux Pays-Bas.
8. L'an dernier, il est allé à l'université pour faire [utilisez *give*] deux conférences, l'une sur les papillons de nuit et l'autre sur l'absurde dans le théâtre américain des années 1950.

### C. Quantificateurs divers. Choisissez la série (a, b ou c) qui convient pour compléter chaque phrase.

1. … artists earn … money.
   a) The / a little  b) Ø / little  c) All / few
2. I'll give you … butter in exchange for … eggs.
   a) little / any  b) the whole / some  c) all the / a few
3. Use … tweezers to remove … splinter from your foot.
   a) a / that  b) Ø / the  c) a pair of / one
4. … committee eventually reached an agreement, … …?
   a) The / didn't they  b) The whole / didn't it
   c) A few / didn't they

5. The boat pitched dangerously, but … crew came to the helm and mastered …
   a) all the / that b) both / it c) three / her
6. … series of problems … more difficult than … we were given yesterday.
   a) Those / were / these b) This / is / the one c) Such / are / that
7. The news … very good. Have you heard … ?
   a) are / them b) isn't / it c) sound / any
8. … people speak … English as … second language.
   a) Some / the / their b) Many / Ø / a c) A lot of / in / Ø
9. … sound advice can be more valuable than … gold in China at … times.
   a) Ø / all / some b) A piece of / much / Ø
   c) Some / all the / such
10. Did you see … Japanese in the corner? They … stood up at the same time and bowed low. Then they … shook hands.
   a) the / Ø / both b) these / all / each c) those / both / Ø

## D. Combinez les éléments des trois colonnes pour former au moins vingt phrases cohérentes.

| | | |
|---|---|---|
| All | computer | can be found in the college library |
| Any | music | are expected to work |
| Both | of his work | have great potential |
| Every | of those songs | should be easy to understand |
| Most | stories | has some educational value |
| Neither | students | has any outstanding merits |
| No | textbook | is better than this one |

## E. Singulier ou pluriel ? Choisissez la forme verbale appropriée.

1. Neither of her books was / were published in the United States.
2. Many a day has / have passed since I last heard of my beloved.
3. Most of the sheep you will come across around here is / are my father's.
4. A great many questions was / were left unanswered.
5. Each of us has / have enough to do right now without you pestering us.
6. Is / Are either of your parents at home?
7. Some of the information he gave us was / were crucial.
8. Half the police working on the case was / were wounded in the ambush.
9. I'm afraid no progress has / have been noticed in your son's behaviour.
10. It's the first time any of these students has / have ever been abroad.

## F. Déterminants et négation. Traduisez.

1. Aucun d'entre eux n'a rien vu.
2. Moi, je n'ai vu aucun d'entre eux.
3. Personne n'a aimé aucun des deux films.

4. Personne d'entre nous n'a aimé aucun des deux films.
5. Des fautes d'impression ? Non, je n'en ai vu aucune.
6. Il ne boit aucun alcool d'aucune sorte.
7. Aucune nouvelle n'atteint jamais ces régions reculées.
8. Il n'y avait nulle part aucune trace de vie.
9. Moi non plus, je n'ai rien dit.
10. Rien ne change jamais.
11. Aucun homme ne pourra jamais rien comprendre aux femmes.
12. Ils n'ont pas beaucoup d'argent et ils n'en ont jamais eu.
13. Il n'y comprend rien, et personne d'autre non plus.
14. Parfois, il n'y a aucun bruit nulle part dans la ville.
15. Ils n'ont rien dit à personne.
16. Aucune personne raisonnable n'a jamais cru ça.
17. Ils n'ont pas de meubles chez eux.
18. Ils n'ont pas de lecteur de CD, mais ils jouent du piano.

## G. Complétez, à l'aide de *ANY*, *NO*, *MUCH*, *BOTH*, *EITHER*, *NEITHER*, *(A) LITTLE*, *(A) FEW*. Il peut y avoir plusieurs solutions.

1. … of the two brothers has … precise career plans. … hope to do some travelling before settling down.
2. You might try adding … paprika to that sauce. But be careful not to add too … : very … paprika will do.
3. We have not received … news from him since last summer: he is a man of … words.
4. Let me give you … advice before you leave: eat … uncooked food and always keep … bottles of mineral water on hand.
5. Although I studied Russian for two years, I remember … of the language: only … grammar rules and … vocabulary.
6. I saw two French films last week. … got good reviews, but I did not care much for … of them.
7. My brother and I had a small adventure … days ago. We rode our bikes over a stony path and … got flat tyres. Stupidly, we had brought … repair patches or glue with us, and … of us had … money. After … discussion as to whose fault it was, we finally walked home.
8. I have … desire to continue this exercise. … additional question would only be a repetition of previous ones.

# SECTION 5

## Modifieurs du nom

➤ *Grammaire* chapitres 16, 17, 18

## 1. Les adjectifs (➤ *Grammaire* chapitre 16)

### A. Placez chaque adjectif à l'endroit qui convient, en fonction de son sens.

1. (scary / scared) The baby-sitter read the children a … story which made them so … they could not go to sleep.
2. (delighted / delightful) I was … to find out that they could lend me a … cottage in Cornwall.
3. (pitiless / pitiable) How can we tolerate the … conditions in the refugee camps under this … regime?
4. (educative / educated) … games are not just for … people's children.
5. (thrilling / thrilled) … supporters acclaimed their team's … performance last night in Wembley.
6. (winded / windy) I was … from climbing up Ben Nevis in such … weather.
7. (mannish / manly) In that … voice of hers, she snapped that it wasn't … of him to shed tears.
8. (wooden / woody) My cousins own a … house in a … part of the country.

### © B. Formation des adjectifs. Reformulez les phrases en remplaçant les groupes entre parenthèses par un adjectif dérivé du mot en capitales. Attention à la position des adjectifs.

Exemple : *When Tom's mother looked at the floor (that was covered in MUD), she gave a shout (expressing her ANGER).* → *When Tom's mother looked at the muddy floor, she gave an angry shout.*

1. Clara had an expression (full of *MISCHIEF*) on her face. She gave a giggle (similar to a young *GIRL'S*) and ran away.
2. He writes his novels in a style (typical of *JOURNALISTS*) which I find (difficult and unpleasant to *READ*).
3. Their faces (which expressed *DOUBT*) made me feel (full of *APPREHENSION*) and (without *WORTH*).
4. Nappies (that can be *DISPOSED* of) may be more convenient, but the ones (that you *WASH*) are less (liable to *HARM*) the environment.

5. There was nothing wrong or (meant to *DECEIVE* people) in the candidate's speech.
6. The way Diana sipped at her tea was so (similar to a *LADY'S*) that Charles's parents felt (full of *ENTHUSIASM*) at the prospect of his marrying her.
7. His behaviour was not considered (that of a *COWARD*). On the contrary, everyone found him (full of *COURAGE*) and even (comparable to a *HERO*).
8. Friends (one can *DEPEND* on) are hard to find.
9. The tree's branches (with lots of *LEAVES* on them) would have been a good place (to *HIDE* in) if they hadn't been so (covered with *THORNS*).

## C. Formez des adjectifs à partir des notions figurant en tête, en les adaptant au contexte.

Exemple : FEAR. *Don't be … You look like a … animal.* → *Don't be afraid. You look like a frightened animal.*

1. LIFE. 'Look! Those lobsters are still … ' 'Of course. One should only buy … lobsters.'
2. RESEMBLANCE. The two sisters look … . They have … mannerisms, too.
3. SOLITUDE. I don't think you should go out … . A … pedestrian on that … road would make an easy victim.
4. SLEEP. The baby was so … that he fell … immediately. A … child is the best kind!
5. SHAME. What … conduct! You should be … of yourself!

## D. Épithète et attribut. Incorporez chaque adjectif dans deux phrases, une fois comme épithète et une fois comme attribut.

early involved present single legal

## E. Compléments d'adjectifs. Quelle préposition pour quel adjectif ?

1. Research has proved that children are interested … language long before they actually utter their first words.
2. Patrick has always been good … maths, maybe he could help you with your homework.
3. These rough roads are hard … the tyres.
4. Her father was angry … her for staying out late.
5. When she was younger, she was keen … ballet dancing, but I'm afraid she was hopeless … it.
6. When Snow White told them her story, the Seven Dwarfs were so sorry … her that they let her live in their cottage.
7. Romeo felt helplessly attracted … his neighbours' daughter.

## F. Ordre des adjectifs épithètes. Rétablissez l'ordre, sans utiliser de virgules.

1. those bottles (plastic, green, empty)

2. paths (narrow, unfamiliar, winding)
3. a court (paved, outdoor, spacious)
4. his figure (slim, boyish, handsome)
5. a cat (little, craving, pathetic, skinny)
6. that student (young, medical, eager, Norwegian)
7. your novels (three, historical, thoroughly documented, last)
8. each rose (bright, fragrant, red, silky)

## G. Adjectifs composés. Remplacez le passage souligné par un adjectif composé synonyme.

Exemple : *The baby has blue eyes.* → *He is a blue-eyed baby.*

1. Their house has three storeys.
2. The fish he brought home weighed four pounds.
3. The king ruled with a heavy hand.
4. That view takes one's breath away.
5. The stone wall was covered with moss.
6. That restaurant makes its own pastry.
7. People like Geoffrey a lot.
8. Today's society moves fast.
9. He is taking a holiday which he fully deserves.
10. The fence is twenty yards long.

## H. Formez des groupes nominaux contenant des adjectifs composés (en choisissant un élément de chaque colonne). Chaque élément devra être utilisé au moins une fois. Attention, il sera parfois nécessaire de modifier les éléments des deuxième et troisième colonnes (*-ING*, *-ED*).

Exemple : *a(n) – old – fashion – hat* → *an old-fashioned hat*

| | | | |
|---|---|---|---|
| | old | water | murder |
| | wear | put | hat |
| | long | hand | meat |
| | cold | eat | traffic |
| | hand | crowd | cheesecake |
| a / an | heart | door | novel |
| | off | fashion | generosity |
| the | left | leg | activities |
| | mouth | cook | pupil |
| Ø | over | out | tiger |
| | man | warm | crockery |
| | best | way | shoes |
| | out | sell | smell |
| | one | blood | stadium |
| | under | make | dancer |

## 2. Comparatifs et superlatifs (➤ *Grammaire* chapitre 17)

### ◉ A. Supériorité, infériorité, égalité. Exprimez la relation entre les deux termes à l'aide d'une construction comparative. Il peut y avoir plusieurs solutions.

Exemple : *Bob is five feet ten inches tall; Claudia is six feet tall.* → *Claudia is taller than Bob. / Bob is shorter than Claudia. / Bob is not as tall as Claudia.*

1. The table is six feet long; the carpet is six feet long, too.
2. There are eight chairs in the dining-room; there are four chairs in the sitting-room. [quatre solutions]
3. My radio cost eighty pounds; my brother's cost half that price.
4. The concert lasted three hours; the recital lasted one hour.
5. Our new freezer is three feet deep; it is three feet wide, too.
6. I meet a lot of people in my present job; I didn't meet many people in my previous job.
7. I can swim ten lengths without stopping; my boyfriend can swim forty lengths without stopping.
8. I failed in three subjects last term; I passed in three subjects.
9. My son phoned me a week ago; my daughter phoned me three days ago.
10. Alan wears size 10 shoes; Christopher also wears size 10 shoes.

### B. Mettez le terme entre parenthèses au comparatif ou au superlatif, en ajoutant les déterminants et prépositions nécessaires.

Exemple : *Germany is (rich) European nations.* → *Germany is the richest of the European nations.*

1. (young) two girls hopes to become an army officer.
2. If your marks get (bad), your average will be (low) the class.
3. Peter is (happy) most children because his parents spend (much) time with him.
4. I hope this test is (easy) last week's.
5. He is (fascinating) teacher I have ever had, and (broad-minded).
6. Although today's young people are (well trained) we were, they often have to take (qualified) jobs.

### ◉ C. Reformulez, en utilisant les amorces fournies.

1. As one grows older, one becomes more patient. (The…)
2. This is the quickest way to get to the centre of town. (There is…)
3. If you go into too much detail, you will not be able to correct many papers. (The more…)
4. Her parents were watching her, which made her feel even more embarrassed. (She felt all the…)

5. You and that boy have precisely the same capabilities when it comes to mathematics. (That boy is…)
6. I had expected a lot of mistakes, but in fact there were hardly any. (There were far…)
7. The train I took from Glasgow to Aberdeen was among the slowest I have ever taken. (I have rarely taken…)
8. Sylvia wears a lot of make-up, but her sister surpasses her. (Sylvia's sister wears…)
9. My aunt keeps on dieting, but hardly loses any weight. (The more…)
10. The distance between New York and Los Angeles is approximately equal to that between New York and Lisbon. (New York is about…)

## D. Traduisez.

1. Pour visiter l'Anaxagora, le vélo est le meilleur moyen.
2. C'est sans doute la province la plus riche du pays.
3. En allant plus au sud, les villages sont plus petits, mais l'architecture est plus intéressante.
4. Les plus grosses fermes occupent les meilleurs emplacements.
5. La nourriture est moins bonne que dans le nord, et c'est encore pire dans les montagnes.
6. Le restaurant le plus cher de la ville principale n'est pas le meilleur, il y en a de meilleurs dans les faubourgs.
7. Les habitants se méfient des gens plus riches qu'eux, et aussi des gens qui ont d'autres coutumes que les leurs.
8. La région n'est pas aussi sauvage que jadis.
9. Il y a un musée où ils conservent les tableaux les plus laids qu'on puisse imaginer.
10. Les ruines romaines se trouvent un peu plus au nord, dans la basse vallée du fleuve.

## E. Traduisez.

1. Les enfants passent deux fois plus de temps à regarder la télé qu'à faire des devoirs.
2. À la télé, il y a deux fois moins de bonnes émissions que l'année dernière.
3. La télé passe trois heures d'émissions de variété de plus toutes les semaines.
4. Plus je vois de feuilletons américains, moins j'ai envie d'aller en Amérique.
5. De moins en moins de gens aiment regarder la télé, d'après les sondages les plus récents.
6. C'est d'autant plus étonnant que de plus en plus de gens ont deux ou trois postes de télé chez eux.
7. Plus tu regarderas la télé, plus tu apprendras de choses inutiles.
8. Les documentaires sont deux fois plus intéressants que les séries, et pourtant les chaînes de télé y consacrent de moins en moins d'argent.

## 3. Constructions à plusieurs noms (➤ *Grammaire* chapitre 18)

### A. Exprimez la relation à l'aide d'une des constructions *NN*, *N's N* ou *N of N*. Justifiez vos choix. Si vous pensez qu'il y a plusieurs solutions, expliquez la différence de sens.

1. the nurse who is on duty at night
2. the performance which is to take place next Saturday
3. a film directed by Bertolucci
4. a meeting that lasts four hours
5. a jar containing marmalade made from lemons
6. someone who manages a bank
7. a leave of absence lasting three days
8. the lounge where staff can gather
9. a play put on by students
10. the sort of uniform sailors wear
11. the investigation carried out by the police
12. a twinge caused by envy
13. the handbag belonging to your wife
14. the children whose parents are Tim and Susan
15. books written for children
16. a pot to brew tea in

### B. *N of N, N's N ou NN* ? Choisissez la forme qui convient le mieux. Il faudra introduire le(s) déterminant(s) approprié(s).

1. Have you read (newspaper / today)? It seems that (houses / people in our street) were broken into while everybody was attending (concert / Christmas / school / girls) last night. (necklace / siver / Mrs Britt) was stolen as well as (new TV set / neighbours). Can you go and check (window / bathroom), dear? The paper says that it was (favourite way in / burglars).
2. (wedding / Charles and Camilla) was finally celebrated in (hall /town / Windsor) after (story / love / thirty years). (sons / bride and bridegroom) attended the ceremony, unlike (parents / future King / England). William, (elder son / Wales / Prince) was (best man / father).
3. When I was young, (grandfather / neighbours) used to keep on about (wisdom / old) and (casualness / young). Of course, we paid no attention whatsoever to what sounded like (drivel / old age), but now I'm reaching eighty, I realize how much truth there was in (words / old man).
4. After (dispute / half an hour), someone suggested asking for (advice / brother / Lisa). After all, he was (most renowned lawyer / city).
5. On a nice (night / summer), much to (surprise / Helen), Jonathan asked her to marry him. She felt flattered by (proposal / young man) and they got engaged at (beginning / September). (parents / Jonathan and Helen) were equally delighted.

6. *Billy Eliot*, (famous film / Stephen Daldry) is (story / young boy) from (family / working-class) who must fight for his dream during (strike / miners / 1984).

## C. Équivalents de la préposition française « de ». Traduisez en employant la construction NOM + PRÉPOSITION (+ DÉTERMINANT) + NOM.

1. Hier soir, on a regardé un film de Ken Loach.
2. Pour les toilettes, prenez le couloir de droite.
3. Je les ai vus prendre la route de Nottingham, monsieur l'agent.
4. – La pendule de la cuisine retarde, non ? – Oui, mais pas l'horloge du clocher.
5. Ma grand-mère était élève dans une école de filles de Bristol.
6. Il commençait tous ses discours par une citation de la Bible.
7. Le samedi, le *Morning Star* contient un supplément de petites annonces.
8. La raison de leur présence ici est on ne peut plus claire.
9. Si on achetait un ananas d'Afrique du Sud pour le dîner ?
10. Je suis né un beau jour d'octobre 1985.
11. L'appartement du troisième est à vendre depuis six mois.
12. Le train de Leeds arrivera dans une demi-heure, monsieur.
13. L'exercice de la page 25 est beaucoup trop long.
14. La dame du guichet m'a dit que le billet n'était plus valable.
15. – J'ai rendez-vous chez le dentiste à dix heures. – Du soir ? – Non, du matin !

## D. Dans le groupe nominal qui termine chaque phrase, lequel des deux noms porte l'accent principal ?

Exemple : *She was drinking wine from a beer mug.* → *beer mug* = nom composé : accent principal sur *beer*

1. It was the first time I'd ever tasted goat's milk.
2. They kept their savings in a glass jar.
3. Be careful not to lose your mother's necklace.
4. Could you please show me the way to the ladies' room?
5. The Americans are crazy about French bread.
6. Hurry, or we'll be late for our German class.
7. Have you seen his collection of key rings?
8. He was rushed to the hospital for an emergency operation.
9. I went to visit him after his kidney operation.
10. The folk museum contains a complete blacksmith's shop.
11. The children were playing hide-and-seek in a neighbour's garden.
12. What a shot! He always hits the bull's-eye.

### E. *N of a N ; N of N's* (précédé d'un déterminant : *a whale of a time*, *that cousin of Joe's*, etc.). Formez une phrase unique, en vous servant d'une de ces constructions. Dans certains cas, un terme à incorporer est indiqué entre parenthèses.

Exemple : *I met a wonderful girl yesterday. (peach)* → *I met a peach of a girl yesterday.*

1. Mother often has headaches; they are beginning to worry me. (those)
2. Our chairman has made another blunder; he is like an ox.
3. He signed up for the contest, but he knows he hasn't the slightest chance. (ghost)
4. We have invited someone Sylvia knows to our party; he is her colleague.
5. My boss would never give me a paid holiday; he's a miser.
6. Philip told us a story; it can't possibly be true. (that)
7. I'm afraid her guilt has been established beyond any doubt whatsoever. (shadow)
8. What appeared to be a matter of routine has turned out to be a very difficult problem. (devil)
9. I don't think Karen will ever finish her thesis. (that)
10. You never know what to expect from that child; he's an imp.

### F. Traduisez, en employant un génitif si c'est possible.

1. les lourds bagages de nos deux amis
2. les deux idées principales du dernier orateur
3. les fréquents séjours à Londres de vos enfants
4. plusieurs projets du Premier ministre
5. les préjugés des gens qui n'aiment pas cette musique
6. les meubles précieux de nos vieux cousins

### G. Génitif, possessifs. Traduisez.

1. Il faut que je retourne chez le boucher. J'ai oublié d'acheter le bifteck de Francis.
2. J'aime assez la voix de ce chanteur.
3. Prenons quelques minutes de repos avant le début de la deuxième mi-temps.
4. La pièce de Shakespeare qu'ils étudient cette année est un des chefs-d'œuvre de la littérature anglaise.
5. Je le connais depuis deux ans. C'est un ami de mon beau-frère.
6. Les enfants de nos voisins prennent tous les jours le train de huit heures.
7. J'aime mieux votre idée que celle du patron.
8. — C'est à toi, ces machins ? — Non, c'est à Emily.

## H. Génitif, nom composé ou construction NOM + PRÉPOSITION + NOM. Traduisez.

Attention : dans certains cas, plusieurs constructions sont possibles.

1. — À qui est ce sac qui traîne sur la table de la cuisine ?
   — À Betty, je crois.
2. Le lait d'ânesse est utilisé, paraît-il, dans certains produits de beauté.
3. Regardez le fond de la boîte. Il y a une tache de rouille.
4. Êtes-vous satisfait de la décision du gouvernement concernant l'emploi des jeunes ?
5. — Vous êtes montés à pied jusqu'au sommet du gratte-ciel ?
   — Oui, il y avait eu une panne d'ascenseur la veille, et ce genre de panne me fait très peur.
6. Vous pouvez y mettre de l'eau, mais c'est une carafe à vin.
7. Ce film de Woody Allen raconte la vie de Freud, non ?
8. Quelqu'un a oublié ses clés de voiture dans la cabine téléphonique.
9. C'est la faute à personne.
10. Un communiqué de police signale qu'on a retrouvé le corps d'Anthony Baron dans une forêt des environs de la capitale. Sa famille avait signalé la disparition de M. Baron il y a trois jours.
11. — C'est un jean d'homme ou un jean de femme ? — Les deux, je pense. Vous avez une cabine d'essayage au fond du magasin.
12. Après une minute ou deux de silence, il s'est mis à parler.

## I. Génitif de mesure, nom composé ou construction avec préposition ? Traduisez, en donnant plusieurs solutions chaque fois que cela est possible.

1. Il a passé son examen avec succès après six mois de travail intense.
2. Ne vous découragez pas. Il n'y a plus que trois heures de marche jusqu'au sommet.
3. L'avion n'a pas réussi à décoller. Il y avait une couche de neige de près d'un mètre sur la piste.
4. Cela va vous coûter à peu près l'équivalent de deux mois de salaire.
5. La maternité n'était qu'à cinq minutes de voiture de leur domicile.
6. Son propriétaire l'avait mis à la porte avec simplement deux mois de préavis.
7. Après vingt minutes d'efforts, ils ont pu enfin faire démarrer le moteur du bateau.
8. Il avait signé un contrat de six mois.
9. Selon les experts, les dégâts occasionnés par le raz-de-marée s'élèveraient à des centaines de milliers de dollars.
10. Il y avait des vagues de cinq mètres de haut.

## 4. Révision

### A. Formez une phrase unique en utilisant une construction à plusieurs noms ou de type ADJECTIF + NOM, plutôt qu'une relative.

Exemple : *Stephen is afraid of spiders. This greatly amuses all his friends.* → *Stephen's fear of spiders greatly amuses all his friends.*

1. The ski slopes are not very far away. It will take you half an hour to get there by car.
2. Angela came home with oysters for dinner. They had cost her eight pounds.
3. There is a magnificent staircase in that hotel: it is six feet wide and made of marble.
4. I read a lovely poem the other day. Shelley wrote it.
5. My brothers organised a tennis tournament. The organisation turned out to be somewhat chaotic.
6. The gala was held in a Tuscan villa. Funds were to be raised by means of the gala.

### B. Comparatifs et superlatifs. Traduisez.

1. — Est-ce que Zelda gagne plus que moi ?
   — Elle ne gagne pas autant d'argent que toi, mais elle rencontre des gens plus intéressants.
2. — Yvonne a plus de vêtements que Zelda n'en a jamais eu.
   — Pourtant, c'est Zelda qui est la mieux habillée.
3. Yvonne a moins de bijoux, parce que ses parents étaient moins riches.
4. L'argent, les bijoux, ce n'est pas ce qu'il y a de plus important dans la vie.
5. Qu'est-ce qui est le plus important : l'argent ou la science ?
6. — Zelda a un nom aussi ridicule que ma grand-mère.
   — Oh, ce n'est pas le pire que je connaisse.
7. Heureusement qu'il n'y a pas autant de meubles dans mon appartement que dans celui d'Yvonne.
8. Aujourd'hui, il n'y a pas eu autant de bonnes nouvelles que Zelda espérait.
9. Je n'ai jamais bu un champagne aussi bon que celui qu'Yvonne m'a offert ce jour-là.
10. — C'était le meilleur champagne que j'aie jamais goûté.
    — C'est pourtant le même que celui que j'achète.

### C. Génitif, nom composé ou construction NOM + PRÉPOSITION + NOM. Traduisez.

Attention : dans certains cas, plusieurs constructions sont possibles.

1. On leur a offert trois mille dollars de dommages et intérêts pour le retard des travaux.

2. J'ai regardé l'arrivée du train, mais il n'y avait pas de wagons de première classe : c'était un train de marchandises.
3. Chez lui, c'est de l'étourderie. Je suis sûr qu'il connaît ses tables de multiplication et qu'il sait faire ce genre de calculs.
4. Vous vous moquez de moi ? C'est un vélo d'enfant !
5. Elle manifeste un intérêt certain pour la peinture italienne du XV$^{e}$ siècle.
6. Oscar Wilde défendait le principe de l'art pour l'art.
7. — Où as-tu acheté cette carte de vœux ?
   — Au bureau de tabac qui est entre le magasin de vêtements et la Caisse d'Épargne.
8. Je comprends son désir d'une vie plus calme.
9. — À qui est ce porte-monnaie ?
   — Je crois que c'est celui de mon frère.
10. La recherche d'un accord général ne doit pas nous faire oublier le problème particulier auquel nous avons à faire face aujourd'hui.
11. Elle affirme que son cirage est fait entièrement avec de la cire d'abeille, et que par conséquent il est écologique.
12. Son absence à la réunion d'hier a été très remarquée.

# SECTION 6

## Procédés de remplacement

➤ *Grammaire* chapitres 19, 30

## 1. Les pronoms (➤ *Grammaire* chapitre 19)

### A. Reformulez de manière à éviter les répétitions, en utilisant chaque fois que possible des pronoms.

1. Minnie stared at Mickey and Mickey stared at Minnie for at least a minute.
2. Mrs Clark noticed that Mrs Clark's daughter's hair was greyer than Mrs Clark's hair.
3. Gus's new trousers are tighter than the trousers Gus gave to the Red Cross last month.
4. Normally Emma does not drink wine, but Emma drank wine the day of Emma's wedding: the wine was champagne.
5. We badly needed new bedroom furniture so we ordered some bedroom furniture from a mail-order catalogue. When the new bedroom furniture arrived, we realized we had ordered too much bedroom furniture. The new bedroom furniture would not fit into our bedroom.
6. Skip took Gladys by Gladys's hand; Gladys gave Skip's hand a quick squeeze and pulled Skip into Skip and Gladys's favourite spot under the staircase.

### © B. Choisissez la forme qui convient. Dans certains cas, les deux sont possibles.

1. Everybody in the waiting room (has / have) been given a number and (is / are) patiently waiting (one's / their) turn.
2. 'I can lend you a striped tie or a plain (Ø / one): which (Ø / one) do you prefer?' 'I don't care for (either / both) (one / ones). (Both of them / The two ones) are too conservative for me.'
3. '(Is / Are) there something else to be done?' '(All / Everything) you can do (is / are) stay here and be available when I need you.'
4. If any man can convince her to change (her / the) mind, Alex is (him / the one).
5. There was a group of children at the door. (Everyone / Every one) of them looked as though (he / they) needed a bath. I gave each (Ø / one) a shiny new coin.

6. The baby screamed until (it / he) was red in (the / his) face. (Its / his) mother stubbed (the / her) toe when she ran into the room to see what was wrong.
7. Two taxis pulled up at the same time. (They both / Each of them) belonged to the same company, but the drivers detested (themselves / each other). As soon as they had collected their (fare / fares), (each one / both of them) rushed to be the first in line.
8. I signalled to the men on the shore, but (no one / none) paid any attention. (Some / The ones) were deep in conversation; the (others / other ones) were too busy playing frisbee.

## C. Imaginez des questions correspondant aux réponses proposées.

1. '… ?' 'I've only got one.'
2. '… ?' 'There's some in the cellar.'
3. '… ?' 'Of course not! It's mine.'
4. '… ?' 'I think the one over there is prettier.'
5. '… ?' 'Ours is blue.'
6. '… ?' 'Don't worry, there are some at home.'
7. '… ?' 'This is your brother's. I don't know where yours is.'
8. '… ?' 'I'm afraid I haven't got much with me.'

## D. Toutes les phrases qui suivent contiennent le pronom français « en ». Attention en traduisant.

1. — Vous avez combien d'enfants ? — J'en ai trois.
2. — Tu as de la colle ? — Non je n'en ai pas.
3. — Tu as des allumettes ? — Non je n'en ai pas.
4. — Tu as une gomme ? — Non je n'en ai pas.
5. — Tu as acheté du lait ? — J'en ai pris trois litres.
6. Elle collectionne les MP3 de Britney Spears, elle en a deux cents.
7. Il y avait un gros gâteau sur la table, j'en ai mangé un peu.
8. J'adore le poisson, mais je n'en achète jamais.
9. Des allumettes, j'en ai vu dans la cuisine.
10. Il y avait des gâteaux sur la table, j'en ai mangé quelques-uns.
11. — Tu as un crayon rouge ? — Non, mais j'en ai un bleu.
12. — Tu as du vin rouge ? — Non, mais j'en ai du blanc.

## E. Même exercice avec le pronom français « y ».

1. Ce pyjama est en soie. J'y tiens beaucoup.
2. Qu'est-ce que tu veux que j'y fasse ?
3. — Le bonjour à tes parents. — Je n'y manquerai pas.
4. Je n'y tiens plus ! Je l'appelle !
5. La Norvège, je connais bien : j'y passe toutes mes vacances depuis dix ans.
6. La nouvelle nous a tous surpris. Personne ne s'y attendait.

7. — Pendant que tu y es, tu devrais changer l'ampoule. — Si tu y tiens.
8. L'épicier a l'air honnête, mais il ne faut pas s'y fier. C'est un vrai voleur.

### F. Même exercice avec le pronom français « se ».

1. L'oiseau s'est envolé quand le photographe s'est approché.
2. Sur l'écran, leurs deux visages se sont rapprochés, mais ils ne se sont pas embrassés.
3. Avant de se présenter devant son nouvel employeur, il s'est rasé avec soin. Quand il s'est regardé dans la glace, il ne s'est pas reconnu.
4. Pour se dissimuler, les soldats se sont couverts de feuillages.
5. Il s'est donné un coup sur la tête et il s'est effondré.
6. Quand ils se connaissent, les chiens ne se battent pas.
7. Quand ils se sont partagé l'argent, le chef de la bande s'est attribué la plus grosse part.
8. La porte s'est ouverte sans bruit.
9. Ce grand écrivain qui adorait la chasse s'est tué d'un coup de fusil.
10. Elles se sont teint les cheveux en vert pour se faire remarquer.
11. Les garçons s'amusaient à se lancer des pierres.
12. Elles étaient tellement furieuses l'une contre l'autre qu'elles se sont donné des coups de pieds.

## 2. Ellipse et remplacement (➤ *Grammaire* chapitre 30)

### © A. Reformulez de manière à éviter les répétitions. Il peut y avoir plusieurs solutions.

1. I plan to spend the weekend studying and my room-mate plans to spend the weekend studying, too.
2. Our team scored more points at tonight's match than our team scored at last week's match. Nevertheless, our team won last week's match but our team lost tonight's match.
3. There were a few acceptable sculptures at the exhibition; there were far more appalling sculptures at the exhibition.
4. I think I'll go for a boat ride on the canals when I visit Amsterdam. I went for a boat ride on the canals the last time I went to Amsterdam and I enjoyed the boat ride immensely.
5. 'Didn't Rita say that Rita was going to wash the car?' 'Rita said that Rita was going to wash the car, but Rita decided not to wash the car. Rita wants Alfred to wash the car tomorrow.' 'Alfred had better wash the car tomorrow!'
6. Why didn't you bring your CDs? You said you would bring your CDs, and everyone was counting on your bringing your CDs. You really should have brought your CDs, you know.

## B. Reformulez les phrases suivantes en rétablissant les éléments qui font l'objet d'une ellipse.

(Extraits de [a] *Bridget Jones's Diary*, de H Fielding, Picador, 1996 et [b] *Bridget Jones: The Edge of Reason*,' du même auteur, Picador, 1999)

1. He stared at me in consternation. 'But Una Alconbury told me you were a sort of literary whizz-woman, completely obsessed with books.'
   'Did she?' I said, rather pleased by the idea suddenly. ([a], p. 236)
2. 'But you're going out with somebody,' I said, rather pointing out the obvious.
   'I'm not any more, actually,' he said. ([a], p. 237)
3. 'Did the others get interviews?'
   'Actually, nobody got any interviews with her,' said Mark Darcy.
   'Didn't they?' I said, looking up at him desperately. 'But how do you know?' ([a], p. 241)
4. 'I thought you thought I was the most frightful stiff.'
   'Well, I did, a bit,' I said. ([a], p. 306)
5. 'She said you and Mark were in the process of splitting up.'
   I grabbed the table for support. 'Who told her that?'
   'She said' – he looked so mortified I felt really sorry for him – 'she said Mark did.' ([b], p. 105)
6. 'Oh, by the way, I told them you'd done loads of [journalistic] stuff before.'
   'But I haven't.'
   'Oh, don't be so bloody *literal*, Bridgelene, just tell him you have.' ([b], p. 155)
7. 'You're coming on the twelfth, aren't you?'
   'Where?' said Sharon.
   'To Gloucestershire.'
   'We didn't know anything about it,' said Sharon loudly.
   'Well. You do now! Second weekend in July.' ([b], p. 241)
8. The fact that Mark and Rebecca were in earshot had clearly escaped Jeremy, but not me. ([b], p. 250)

## C. Ajoutez *BE*, *HAVE* ou *TO*, lorsque cela est nécessaire.

1. He hasn't been called in yet, but he might … any day now.
2. She didn't tell us she had won, but we feel she must ….
3. The children don't have to sit with the grown-ups if they don't want ….
4. At first I refused to say what I had seen, but the police made me ….
5. We may not have such a nice summer, and then again we may ….
6. Were you really as nasty as you said you would …?
7. They have finally sold their house; I thought they never would ….
8. I don't think it was Steve who moved the piano, although he might ….
9. You are not as careful a driver as you ought to ….
10. She could have tried once more, but she preferred not ….

## D. Traduisez en prêtant attention aux verbes d'opinion, qui seront suivis de *SO*, *THAT*, *NOT*, Ø.

1. — Il a plu ? — Je ne crois pas.
2. — Est-ce qu'il fait froid ? — J'en ai bien peur.
3. — Tu as assez d'argent ? — J'espère que oui.
4. — Vous m'aviez promis une augmentation.
   — Je n'ai pas exactement dit ça.
5. — Est-ce que son rapport est prêt ? — Je suppose que non.
6. — Peggy va se marier. — Je ne le savais pas.
7. — Est-ce que le courrier est arrivé ? — Je crois.
8. — On m'a dit que Peggy allait se marier. — Je ne le crois pas.
9. Il faut manger beaucoup de légumes, c'est les médecins qui le disent.
10. — Tu crois que le parti néoconservateur va gagner les élections ?
    — J'espère bien que non.

## E. Reconstituez des phrases complètes à partir des phrases elliptiques suivantes.

1. 'Feeling better?'
2. 'Got you!'
3. 'Anything to declare?'
4. 'Hello Sarah. Lovely dress.'
5. 'Scrumptious!'

# 3. Révision

## A. Pronoms et ellipses. Reformulez de manière à éviter les répétitions.

1. Roger had a good time at the circus, but I don't think Caroline had a good time at the circus. The twins did not have a good time at the circus, either.
2. Mr Wells cooks for Mr Wells. When Mr Wells goes shopping, Mr Wells takes a large shopping basket with Mr Wells.
3. We particularly wanted to see paintings by Paul Klee, but there were no paintings by Paul Klee in the whole museum. The curator told us that a few paintings by Paul Klee were to be found in a gallery across the way.
4. 'Will someone be at the airport to meet you?' 'I hope someone will be at the airport to meet me, but if nobody is at the airport to meet me, I can always take a taxi.' 'Heaven forbid that you should take a taxi!'
5. The illusionist showed me a handful of cards and told me to pick a card. Then the illusionist shuffled all the cards and the next time the illusionist showed me the cards, the card I had picked was no longer in the illusionist's hand.

6. John's office is bigger than my office: John's office has one large desk, while my office has two desks; the two desks are face to face in the middle of my office.

## B. Pronoms divers. Traduisez.

1. Elle n'en a bu que la moitié.
2. Des légumes verts, j'en mange tous les jours. Ma mère m'y oblige.
3. J'ai fait des muffins et je leur en ai donné un à chacun.
4. Chaque fois qu'ils se voient, ils ne peuvent pas s'empêcher de se disputer.
5. — Tu aimes le lait ? — Oui, j'en bois beaucoup.
6. — Ils s'entendent plutôt bien, non ? — J'en doute fort.
7. Elle se demande s'il lui reste assez d'argent, ou s'il va falloir qu'elle en prenne au distributeur.
8. Elle se lève trop tard le matin et elle doit se préparer à toute vitesse.
9. Il ne se souvient pas du titre de tous ses livres, il en a écrit tellement !
10. Ils se sont mariés à Las Vegas et ils y retournent chaque été.

# SECTION 7

## Agencement des termes

➤ *Grammaire* chapitres 21, 22, 23, 24

## 1. Les adverbes (➤ *Grammaire* chapitre 21)

### A. Place des adverbes. Insérez chaque adverbe à sa place. S'il y a deux possibilités, indiquez si le sens est modifié, et, si oui, de quelle manière.

1. She likes peanut butter. (no longer, very much)
2. The day we met, you bumped into me and pushed me off the bus. (inadvertently, nearly)
3. You were trying to find a way to get my attention. (undoubtedly, unconsciously, only)
4. Unpleasant memories fade. (luckily, usually, quickly)
5. There is no way you can see the lighthouse from here. (actually, clearly)
6. He turned around and drove along the crowded highway. (abruptly, recklessly)
7. You can find him where he is at this hour. (surely, still, normally)
8. I wish I could play chess the way my father did. (sincerely, intelligently, always)
9. He has been accused of murder. (already, unfairly, once)
10. Her curly hair attracted people's attention. (naturally, frequently)
11. We have found six ways to solve the problem. (just, easily)
12. The old man will play chess with the little boy. (sadly, never, again)

### © B. Adverbe ou groupe prépositionnel. Ajoutez un adverbe ou une expression à valeur adverbiale qui exprime l'idée indiquée entre parenthèses.

Exemple : *She knows what she wants. (her knowledge is precise)* → *She knows precisely what she wants.*

1. The messenger delivered his message. (he was prompt to do so)
2. The rabid fox was captured before it bit anyone. (this was a lucky thing)
3. July was hot. (the heat was unbearable)
4. The doctor patted the little boy on the cheek. (it was a friendly gesture)
5. They talk about cars and football. (they talk about little else)

6. I know a social worker who visits everyone in her district. (she does this once a week)
7. The town had changed in the ten years I had been away. (the change was complete)
8. The drunken beggar gazed at the young woman who sat down next to him. (his look was sickly)
9. We will leave for the country the day after tomorrow. (that is the likely departure date)
10. A group of youngsters went skipping across the lawn. (they looked joyful)

### C. Traduisez en faisant attention à la place des adverbes.

1. Ouvre vite la fenêtre.
2. Vous connaissez certainement son nom.
3. Vous venez demain à la campagne avec nous.
4. Nous pourrons peut-être trouver quelques champignons.
5. Attends, j'ai vu quelque part un outil qui pourrait nous servir.
6. Je rencontre parfois ton cousin.
7. J'aime tellement cet auteur ! J'ai lu deux fois son dernier livre.
8. Tous les jours, il prend le même autobus à la même heure.
9. Elle traduit très habilement les textes les plus difficiles.
10. Il parle remarquablement mal le russe, mais il se fait comprendre.

## 2. Les compléments du verbe (➤ *Grammaire* chapitre 22)

### A. Faut-il un complément ou non ? Parmi les séquences suivantes, lesquelles pourraient constituer un énoncé autonome ? Fournissez un complément approprié lorsqu'il en faut un.

1. Simon is cooking
2. Did they fight?
3. I may quarrel
4. We might quarrel
5. A bird flew
6. They all drank
7. Phyllis has knitted
8. We have been painting
9. Who has smoked?
10. Pickles keep
11. Snow has fallen
12. Parsley grows

### B. Ajoutez la préposition ou particule adverbiale qui convient.

Attention : cela ne sera pas toujours nécessaire.

1. He couldn't resist ... the temptation.
2. 'When you go ... together, who pays ... the bill?' 'We go Dutch: each ... us pays ... his own meal.'

3. You remind … me … someone I've met, but I can't remember … his name.
4. She still depends … her parents financially so they quite naturally expect … her to account … her comings and goings.
5. You cannot rely … Max: you will have to deal … all the material problems yourself.
6. When I phoned … the sales manager, she said they would offer … me … the job but in the end they offered … it … another applicant.
7. What is he being blamed … this time? It seems everything is blamed … that poor boy!
8. You needn't ask … the secretary … information. I shall be happy to answer … all your questions myself.
9. He sold … pictures of the ravaged beach … a news magazine … 5,000 euros.
10. He always borrows … money … people but he wouldn't lend … a single penny … a friend in need.
11. If he survives … his wife, he will inherit … a large fortune … her; she has made … everything … him in her will.
12. It is silly to oppose … the new traffic laws just because you were charged … drunken driving once. You would do much better to obey … them and hope … safer roads in the future.

## C. Préposition ou particule adverbiale : à quelle catégorie appartient le mot en italiques ?

1. Put *on* the kettle, will you? I'm dying for a cup of tea!
2. The books you put *on* my desk aren't mine.
3. Don't run *down* that hill, it's far too steep.
4. Be careful not to run *down* any pedestrian.
5. John stood *by* the window, looking bored.
6. Quite unexpectedly, John stood *by* his promise to be back early.
7. She missed our house and turned *down* the neighbours' driveway.
8. We turned *down* the neighbour's offer to prune our trees for us.
9. You shouldn't have sawed *off* that branch laden with fruit.
10. We used to dive *off* that branch into the lake.

## D. Traduisez. Attention à la construction du verbe.

1. On a attendu le bus pendant une demi-heure, on a fini par partir.
2. Il y a des chansons que personne n'écoute jamais.
3. Tu te souviens du nom de cette actrice suédoise ?
4. Qu'est-ce que tu regardes depuis dix minutes ?
5. Ce n'est pas la lettre que j'attendais, alors je continue à attendre.
6. Vous n'avez pas répondu à ma question.
7. L'entraîneur a dit quelques mots à chaque joueur.
8. Explique-moi la règle du jeu.

9. Parle-moi de ton problème.
10. Désolé, mais le client ne m'a pas dit son nom.

## © E. Rétablissez l'ordre, en ajoutant les éléments manquants.

Exemple : *The teacher / the class / a story / read* → *The teacher read the class a story. / The teacher read a story to the class.*

1. The doctor / the patient / the risks of a second operation / explain
2. Josephine / her flat-mate / some advice / ask
3. The policeman / a group of tourists / unpleasant things / say
4. The receptionist / all new guests / how to use the lift / show
5. Mr and Mrs Hogg / their children / everything they needed / provide
6. A number of passers-by / the lame beggar / a helping hand / offer
7. The art professor / his students / his recent visit to Florence / describe
8. A stealthy burglar / a number of my neighbours / their television sets / rob
9. Some silly youngsters / a poor street-peddlar / apples and pears / steal
10. Who / the prisoner / arms / supply?

## F. Traduisez. Attention à la construction du verbe.

1. Demandez une éprouvette [= *test tube*] à l'infirmière.
2. Décrivez vos symptômes au docteur.
3. Dites au docteur si votre dos vous fait mal.
4. Rappelez votre nom à la secrétaire.
5. N'oubliez pas de donner à la secrétaire votre numéro de Sécurité sociale.

## © G. Traduisez. Attention à la construction du verbe.

1. Est-ce que tu as payé la réparation ?
2. Est-ce que tu as payé le garagiste ?
3. Est-ce que tu as payé la réparation au garagiste ?
4. Qu'est-ce que tu as demandé au garagiste ? [deux réponses de sens différent]
5. Il a demandé une clé anglaise au garagiste.
6. Il a payé la réparation cinquante livres.
7. Elle lui a payé un verre.

## H. Verbes d'opinion et schéma résultatif. Reformulez, de manière à éliminer le second verbe.

Exemple : *I kicked the door so it would open.* → *I kicked the door open.*

1. I have always thought that she was unreliable.
2. You are likely to find that the pupils are unruly.
3. We plan to appoint Ramsey; then he will be the chairman.

4. She chased her little brother so that he hurried out of her room.
5. The little boy talked so much that his mother got dizzy.
6. He was christened; he was given the name Henry.
7. You will have to hammer on the stake until it goes into the ground.
8. Do you consider that I am incapable of feeling pity?
9. We have argued so much that now we are hoarse.
10. She has grown so much that her coat does not fit her any more.

## 3. Ordre des constituants de la phrase (➤ *Grammaire* chapitre 23)

### A. *SO* et *NEITHER*. Indiquez que ce qui s'applique au premier sujet est également valable pour celui indiqué entre parenthèses.

Exemple : *Beth is ten years old.* (*Clark*) → *So is Clark.*

1. I am not going to vote in the next elections. (my wife)
2. You used to wear the most tasteless ties. (your brother)
3. The next train goes to Croydon. (the following one)
4. I have never seen an orchid before. (any of these people)
5. You won't be able to see from that distance. (those in the back row)

### ● B. Inversion et mise en relief. Reformulez, en utilisant l'amorce fournie.

Exemple : *If you had abandoned her, she would have been in despair. (Had…)* → *Had you abandoned her, she would have been in despair.*

1. The curtain went up. Immediately afterwards, the audience burst into applause. (Scarcely…)
2. As soon as the doctor fell asleep, the phone rang. (No sooner…)
3. Father wanted us to clean the garage this afternoon. (What father wanted us…)
4. The audience was so enthusiastic that the orchestra played five encores. (Such…)
5. I am sure of one thing, which is that I shall always be able to count on my true friends. (This…)
6. He has been awarded the highest distinctions. This was beyond his wildest dreams. (Never…)
7. Philip was the one to speak on behalf of the committee. (It was…)
8. We did not begin to worry until it was completely dark. (Only when…)
9. She smiled discreetly when he began to explain, and everyone within hearing distance smiled discreetly, too. (She smiled discreetly…, as…)
10. He is clinging to the idea that things are bound to improve some day. (What…)

## C. Ordre auxiliaire-sujet. Traduisez.

Attention : l'ordre auxiliaire-sujet sera dans certains cas impossible.

1. Non seulement il a refusé l'aide qu'ils lui proposaient, mais encore il les a insultés.
2. Jamais plus je ne passerai mes vacances dans ce pays. J'en reviens épuisé et sans un sou.
3. L'an dernier, il a fait installer sur son toit une antenne parabolique, comme l'avaient fait la plupart de ses voisins.
4. Si j'avais su, j'aurais évité de lui poser la question.
5. Peut-être a-t-il cru que nous allions l'attendre à l'entrée de l'autoroute ?
6. Je disais qu'il réussirait à leur vendre un de ses tableaux, et il l'a fait.
7. — Il était pressé ?
   — Tu parles ! J'avais pas plus tôt raccroché le téléphone qu'il sonnait à ma porte.
8. Les conducteurs d'autobus ont l'intention de se mettre en grève, de même que les employés des postes.
9. Si je pouvais vous aider, je vous aiderais volontiers.
10. Jamais le chirurgien n'aurait cru pouvoir sauver un homme blessé aussi gravement.
11. Le redressement financier s'est révélé beaucoup plus difficile que ne l'avait été la vente des filiales étrangères.
12. Ce n'est que beaucoup plus tard qu'il a compris la raison de leur refus.
13. Si par hasard le voyant rouge s'allumait, appuyez immédiatement sur le bouton « arrêt ».

## D. Procédés divers de mise en relief. Reformulez, en plaçant l'élément souligné en tête de phrase lorsque cela est possible. Attention à l'ordre des termes.

Exemple : *I have never seen so many roses.* → *Never have I seen so many roses.*

1. I only understood how angry you were when I saw your face.
2. Their friendship had become so deep that they could hardly bear to be apart.
3. A majestic castle stood at the top of the hill.
4. That man is a confirmed bachelor.
5. She is speaking total nonsense.
6. We lack funds to finish the project.
7. Whenever she forgets to take her pills, her blood pressure goes up.
8. I love that painting, but I can never remember the artist's name.
9. He enjoys all sports, but he likes swimming best.
10. They occasionally splurge on a fancy restaurant.

## E. Procédés divers de mise en relief. Traduisez.

Dans de nombreux cas, il ne faudra pas imiter la construction française.

1. Rarement une saison de ski a été aussi mauvaise pour notre équipe.
2. C'est à peine s'il a reconnu sa femme quand il est revenu à lui.
3. Vraiment, elle ne se doute guère de ce qui l'attend.
4. Ce qu'il vous faut, c'est un appareil avec un flash, et une pellicule très sensible.
5. C'est Vincent qui a été le premier à s'apercevoir qu'il manquait des petites cuillères.
6. Remarquables furent ses progrès pendant toute cette période.
7. Ce qui m'a le plus surpris, c'est la facilité avec laquelle il a battu son adversaire.
8. Sous aucun prétexte vous ne devez lui en parler.
9. Pénible, sa bonne femme, vous trouvez pas ?
10. Jamais je n'ai mangé de la purée aussi bonne.
11. Ce qu'il fait le mieux, c'est éplucher les pommes de terre.
12. Il bousculait tout le monde, tellement il était impatient de parler à son actrice préférée.
13. Ce qui a coûté le plus cher, c'est le pantalon.
14. C'est ici, dans cette pièce même, que le roi Albert VIII a rencontré le président de la République, et qu'ils se sont parlé sans interprète.

## 4. Le passif (➤ *Grammaire* chapitre 24)

### A. S'agit-il ou non de passif ? Justifiez votre réponse.

1. They were all interested.
2. He was wounded.
3. How long have you been married?
4. I'm afraid she was upset.
5. Unfortunately my China teapot was broken.
6. I thought she was divorced.
7. The book was finished.
8. You were rather tired.

### © B. Mettez à la voix passive lorsque cela est possible. Ne mentionnez l'agent que s'il vous paraît indispensable.

1. Someone has tampered with my computer.
2. People believe that Salvador Dali was slightly mad.
3. The police are questioning the suspect about some earlier misdemeanours.
4. The committee will go into the matter thoroughly before they take the final vote.
5. People always want what they cannot obtain.
6. My parents never let me drive their car.
7. No one could account for the disappearance of the jewels.

8. The situation calls for emergency action.
9. You should look up all unfamiliar words and write them down in your notebook.
10. Make sure someone takes care of my plants while I am away.
11. This bottle will make an ideal lamp.
12. Everyone remembers your last visit to our town.
13. His classmates always made fun of him because he was colour-blind.
14. Customers must pay for their purchases before picking them up from the stockroom.
15. The owner's sons completely took over the management of the shop.
16. I don't think you can hold his familiarity with the students against him.
17. They are going to do away with manual lock-gates in the near future.
18. The shop assistant denied him entry into the manager's office.
19. They asked the new assistant not to wear such garish colours.
20. People are always complaining about the weather.

## C. Mettez à la voix active lorsque cela est possible, en ajoutant l'agent de votre choix.

1. Will the children be let in on the secret?
2. Oliver was paid very little for the chores he did.
3. Sorry to be late; I got held up.
4. Arthur is known to be somewhat absent-minded.
5. She said she was satisfied with my work.
6. You will be provided with all necessary equipment.
7. Just sit here while last-minute details are being seen to.
8. Is it known whether an agreement was finally come to?
9. That sign is usually understood to mean the opposite of what it says.
10. You were meant to enter just as the curtain went up.

## © D. Constructions passives. Traduisez.

1. Elle a été opérée jeudi soir.
2. Nous espérons que vous n'avez pas été trop dérangés par tout ce bruit qu'ont fait nos invités hier soir.
3. L'an dernier, on lui a décerné une médaille.
4. Votre chambre d'hôtel sera payée par la société, de même que votre billet d'avion.
5. En ce moment, elle passe un entretien pour un poste de comptable.
6. Cette question a dû être traitée lors de la dernière réunion, en tout cas c'est ce qu'on m'a dit.
7. Vous étiez censé terminer ce travail pour la fin de la semaine dernière.
8. Quelle somme d'argent a été volée dans le tiroir ?
9. Le scandale auquel il a été mêlé ne va pas tarder à faire les gros titres de la presse.
10. Il a été consommé plus de cinq mille hamburgers pendant le festival.

11. Tiens, on construit une résidence en face du supermarché.
12. Il a besoin qu'on lui rappelle ses obligations.
13. On pense qu'elle a fait fortune de façon malhonnête.
14. Le personnel de surveillance a reçu [utilisez le verbe *issue* au passif] un nouveau talkie-walkie [attention à l'équivalent anglais], beaucoup plus léger que l'ancien.

## E. Constructions passives. Traduisez.

1. Il n'aime pas qu'on le ridiculise.
2. Hier soir, la veilleuse [= *pilot light*] a encore été éteinte par un courant d'air.
3. On lui a dit que sa demande serait examinée au plus tard le 20 juin.
4. Vous êtes sûrs que toutes les consommations ont été payées ?
5. Il se peut que votre dossier se soit perdu.
6. L'an dernier, on lui a offert le poste, mais il l'a refusé en disant qu'il n'était pas assez bien payé.
7. C'est la troisième fois qu'on entre dans le bureau avec effraction.
8. Il s'est aperçu qu'il était suivi, et il a changé de trottoir.
9. Ce livre a été emprunté à la bibliothèque le 23 mars, non ? Eh bien, il aurait dû être rendu au plus tard mardi dernier.
10. Elle n'aime pas qu'on la fasse attendre.
11. Son refus a été attribué au fait qu'il n'aimait pas les responsabilités.
12. Est-ce qu'on vous a montré comment fonctionne la nouvelle imprimante ?
13. Quelqu'un a bu dans ce verre.
14. Voici le bulletin d'informations. Aux environs de dix-sept heures, la région nord de la Colombie a été secouée par un fort tremblement de terre. On craint qu'il n'y ait de nombreux morts.
15. Il avait plus d'un gramme d'alcool dans le sang. Il s'est vu infliger une lourde amende pour conduite en état d'ivresse, et on lui a retiré son permis de conduire.

## F. Emplois divers du passif et de formes de sens passif. Traduisez.

Attention : il ne faut pas toujours traduire par un passif en anglais.

1. Elle s'ouvre comment, cette boîte ?
2. C'est une femme qui a beaucoup lu.
3. Les auteurs de l'attentat à la bombe seraient sur le point d'être arrêtés.
4. On dit que deux Anglais se sont tués ici l'été dernier en faisant de l'escalade.
5. Quand est-ce qu'ils ont divorcé ?
6. Il a été le premier occidental à être pendu dans le pays pour trafic de drogue.
7. Si ça continue comme ça, le village va se dépeupler. Mais que faire ?
8. Les huîtres, ça se mange au début du repas.

9. Il y a des siècles que l'on extrait du minerai d'étain des mines de Cornouailles.
10. Pas mal, son dernier roman. Il se lit facilement, en tout cas.
11. La stupeur se lisait sur son visage.
12. Il est revenu au pays natal, ça se comprend.

### G. Équivalents anglais de « on ». Traduisez.

1. Vous savez, il y a toujours plus malheureux que soi, comme on dit.
2. Alors, on ne dit plus merci ?
3. Autrefois, avant Galilée, on croyait que la terre était le centre de l'univers.
4. Il n'est pas habitué à ce qu'on le regarde de haut.
5. Tu pourrais répondre quand on te parle.
6. On devrait toujours avoir son permis de conduire sur soi.
7. Allons, les enfants, on se dépêche !
8. Alors, on serait arrivé à un accord sur la Sécurité sociale ?
9. On dit que le nouveau directeur du marketing est très autoritaire.
10. On m'a piqué mes essuie-glaces.

## 5. Révision

### A. Ordre des termes. Rétablissez l'ordre de manière à former des phrases cohérentes. Dans certains cas, il faudra séparer les éléments du groupe verbal ou du groupe nominal.

Exemple : *often / unexpectedly / they / have turned up* → *They have often turned up unexpectedly.*

1. perhaps / unnecessarily / in the past / with him / I / have been severe
2. majestically / meticulously / on the mantelpiece / a polished silver trophy / stood
3. hardly / comfortably / around the table / we / all / were settled / when / suddenly / a violent explosion / was to be heard
4. probably / immediately / what / would do / the trick / would be / a strong shot of whisky
5. energetically / the more / she / shook / the cocktail shaker / the guests' eyes / opened / the wider
6. not only / fast / the horse you bet on / is going / but / about / it / is / to win the race / apparently
7. always / passionately / with a parachute / his mother / had been eager / to jump / and / so / finally / she / did
8. so / away / carefully / he / had wiped / the fingerprints / that / barely / the police / the slightest clue / were able to discover

## B. Ordre auxiliaire-sujet. Traduisez.

Attention : l'ordre auxiliaire-sujet sera dans certains cas impossible.

1. Il n'y a pas d'ordinateur dans ce bureau. Il ne semble pas y avoir de calculatrice non plus, d'ailleurs.
2. En tête de la manifestation, qui a commencé il y a une dizaine de minutes, marchent les leaders syndicaux.
3. S'ils étaient là hier, ils sont probablement restés dedans, parce qu'il a fait un temps de cochon.
4. On était à peine arrivés que déjà ils sortaient le saucisson, le fromage de chèvre et le vin rouge pour nous offrir un petit casse-croûte.
5. Voilà votre sœur qui arrive.
6. Il est végétarien, comme l'étaient son père et sa mère.
7. Il restait des frites. « Pourrais-je en avoir un peu plus ? » demandai-je.
8. J'ai mis une couche de peinture supplémentaire sur les boiseries extérieures, de même que sur les ferrures.
9. Pires seront les conséquences si vous n'agissez pas tout de suite.
10. À cette époque s'installèrent dans la rue principale la plupart des orfèvres [= *goldsmiths*] qui firent le renom de la ville.
11. Seul un miracle peut nous sauver de la faillite.
12. Sans doute préférez-vous que nous vous réservions une chambre d'hôtel pour le soir de votre arrivée.
13. Pourquoi ne prend-il pas une assurance incendie, comme vous l'avez fait ?
14. Voilà Dave maintenant qui se gare en double file [= *to double-park*].
15. Il n'a pas encore renoncé à jouer du trombone, comme le souhaiteraient les habitants de l'immeuble.

## C. Traduisez. Attention à la construction du verbe.

1. Quand nous aurons payé le loyer, il ne restera pas beaucoup d'argent.
2. Ce paysage me rappelle l'Angleterre.
3. La maîtresse ne leur a pas expliqué la fin de l'histoire.
4. N'écoutez pas Bob, il est fou.
5. Le candidat n'a pas répondu à toutes les questions.
6. Je me demande ce qu'il fabriquait hier : je l'ai attendu pendant une heure.
7. Il a payé ce timbre cinq cents livres.
8. Je ne sais pas, demande à ta mère.
9. — Mais à qui donc est cette voiture ? — Je ne me rappelle pas.
10. Ta maison, tu l'as payée combien ?
11. Je ne comprends rien, on ne m'a rien expliqué.
12. Tu as dit à ton frère que la télé ne marchait pas ?

## D. Traduisez. Attention à la construction du verbe.

1. À qui as-tu emprunté ce blouson ?
2. Qui t'a prêté ce jean ?

3. Combien as-tu payé ce pantalon ?
4. Réponds aux questions.
5. La bibliothécaire leur a suggéré un livre sur le Moyen-Âge.
6. Ils ont demandé le livre à la bibliothécaire.
7. C'est un livre que j'ai acheté à un antiquaire.
8. Quelqu'un a volé plusieurs meubles à l'antiquaire.
9. Qui est-ce qui m'a pris ma gomme ?
10. Décrivez-moi le livre.

## E. Emplois divers du passif et de formes de sens passif. Traduisez.

1. Il n'a pas été répondu à ma question.
2. — Voulez-vous que je vous aide à choisir, Madame ?
   — Non, merci, on s'occupe de moi.
3. Cet article ne se vend pas très bien depuis quelque temps.
4. On dit qu'il appartient à une secte. Vous le croyez, vous ?
5. Tous les jours, il se fait inviter à déjeuner par l'un ou par l'autre.
6. — Vous parlez la bouche pleine. — Oui, eh bien ?
   — Eh bien ça ne se fait pas.
7. Il est bien, ce sweat, il ne se froisse pas. Et il se lave facilement.
8. On me dit que je devrais le laisser se débrouiller tout seul, mais c'est plus facile à dire qu'à faire.
9. Est-ce qu'on les a avertis que la réunion est retardée ?
10. Il appuya sur le bouton. La porte s'ouvrit lentement, sans bruit.

## F. Équivalents anglais de « on ». Traduisez.

1. On ne répond pas comme ça à quelqu'un de plus âgé !
2. Finalement j'ai accepté de partir, mais en fait on ne m'a pas donné le choix.
3. On m'a dit que vous aviez été cambriolé deux fois. C'est vrai ?
4. On frappe. À cette heure-ci, c'est ton frère, à tous les coups.
5. Alors comme ça, on téléphone du bureau pour ne pas avoir à payer les communications ?
6. On vous offrira des sommes considérables. Ne les acceptez pas.
7. Désolé, ce sera pour une autre fois. On m'attend.
8. — En Angleterre, on ne traverse pas en dehors des passages pour piétons.
   — Ah bon ? Et celui-là, qu'est-ce qu'il fait ? — Ça doit être un Français.
9. On devrait faire davantage pour les vieux.
10. Vous savez, quand on oublie son portefeuille dans le train, on ne peut pas espérer qu'il soit rapporté au bureau des objets trouvés dans les minutes qui suivent.
11. On peut prédire que d'ici dix ans le nombre de personnes touchées par la maladie aura doublé dans le pays.
12. Il vous faudra être patient. On ne se remet pas en huit jours d'un accident comme celui-là. On a dû vous le dire plusieurs fois, j'imagine.

# SECTION 8

## Subordonnées nominales

➤ *Grammaire* chapitres 25, 26

## 1. Subordonnées nominales à un mode personnel

(➤ *Grammaire* chapitre 25)

### A. À partir des éléments fournis, formez une phrase complexe incluant une subordonnée nominale personnelle. Il peut y avoir plusieurs solutions.

Exemple : *I suppose X (X = John / already go to the beach)* → *I suppose (that) John has already gone to the beach.*

1. X is a shame (X = they / not meet in London)
2. They have agreed to X (X = the elections / take place next month)
3. I don't understand X (X = why / everyone / not have a turn)
4. He admitted X (X = he / expect more challenging competitors)
5. She takes X for granted (X = people / hear of her exploits)
6. X is my conviction (X = neither party / solve the unemployment problem)
7. X is amazing (X = how / some people / be uncooperative)
8. I wish X (X = we / have time for a proper meal)
9. X has been confirmed (X = no boats / sail until Monday)
10. He made sure of X (X = each member / wear an identification badge)
11. He was not sure of X (X = when / be / the next meeting)
12. Try to find out X (X = the film / be broadcast on time (or not))

### B. Reformulez au discours indirect en intégrant les éléments entre parenthèses et en remplaçant le verbe qui introduit le discours direct par un nom suivi d'une subordonnée en *THAT*.

Exemple : *'No job cuts are planned', the manager promised. (The employees didn't believe)* → *The employees didn't believe the manager's promise that no job cuts were planned.*

1. 'You'd better get some rest', the doctor advised him. (He refused to follow)
2. 'You haven't made any progress', he remarked. (I was upset by)
3. 'Let's go to the beach', Dad suggested. (The whole family agreed with)

4. 'The hostages will be released soon', the President announced. (All rejoiced in)
5. 'Don't forget to get a present for your Mum's birthday', he reminded me. (I was grateful for)
6. 'Don't smoke in the house', Millicent insisted. (Max ignored)
7. 'The neighbours' children are unbearably noisy', he complained. (We concurred)
8. 'I'm no longer a child!', twelve-year-old Sally objected. (I couldn't help laughing at)
9. 'I'll get hold of the Dalmatian puppies somehow', Cruella threatened. (The young audience shivered at)
10. 'This man hit Mr Smith on the head with a bludgeon', she testified. (The Court listened to)

## C. Subordonnées relatives nominales. Réunissez les deux phrases à l'aide d'une relative nominale (➤ *Grammaire* 25.2.3).

Exemple : *You need something. That thing is a good night's sleep.* → *What you need is a good night's sleep.*

1. Someone is knocking at the door. That person must have sore knuckles.
2. He is looking for something. He is sure to find it.
3. They can spare little money. They give that money to charity.
4. You went somewhere last spring. Would that be a good place for a summer holiday?
5. I am about to tell you something. You can believe it.
6. One of the rooms will be big enough for the piano. Put the piano in that room.
7. We can see either film. I don't mind which one.
8. You will decide to leave at some time. That time will be fine with me.
9. She had intended it as a joke. No one laughed.
10. They served few wines. Those wines were ridiculously expensive.

## © D. Subordonnées en *THAT* ou Ø. Traduisez, en utilisant la conjonction Ø lorsque c'est possible.

1. Le fait que vous préfériez passer votre temps à la piscine n'est pas un argument valable.
2. Ils ont insisté pour qu'on leur envoie la facture à leur adresse personnelle.
3. Je me demande quand il comprendra que son attitude arrogante est absolument insupportable.
4. C'est dingue qu'il dépense autant d'argent en vêtements !
5. Qu'ils aient attendu aussi longtemps avant de se plaindre est pour le moins étrange [*...to say the least*].
6. Il s'avère que ses séjours à Tahiti étaient payés par la chaîne de télévision Skyhigh.

7. Quand il m'a demandé où était son frère, j'ai cru qu'il plaisantait.
8. Elle (lui) a répondu qu'elle ne savait pas encore quand elle partirait.
9. Il n'est pas surprenant qu'il ait été choqué par ce qui s'est passé.
10. Elle a démenti la rumeur selon laquelle elle était sur le point d'épouser l'ex-mari de sa sœur.
11. Je trouve surprenant que vous n'ayez pas appelé le médecin.
12. Il a prédit que l'élection serait extrêmement serrée.
13. Il est absolument nécessaire que le matériel de secours d'urgence soit placé dans une pièce non fermée à clé.
14. Je (vous) répète que je ne suis absolument pas mêlé à ce scandale.
15. Qu'il ait finalement décidé de ne pas intervenir est en fait très probable.
16. Je m'attends à ce qu'elle soit reçue à l'examen.

## 2. Subordonnées nominales à un mode impersonnel

(➤ *Grammaire* chapitre 26)

### A. Reformulez, en incorporant le verbe entre parenthèses comme verbe de la principale.

Exemple : *With the teacher's permission, the pupils played outdoors for a few more minutes. (let)* → *The teacher let the pupils play outdoors for a few more minutes.*

1. Through Kate's efforts, the Petersons took a long holiday in Greece. (get)
2. Do you really expect us to believe that story? (have)
3. She cried out in pain when she was kicked in the shin. (make)
4. As a result of Richard's persuasiveness, Sandra played another sonata. (talk)
5. Andrew thought it desirable that everybody should take part in the vote. (want)
6. The little rascals said they had not stuck out their tongue at the superintendent. (deny)
7. My sister smokes cigars, and our parents do not approve. (disapprove)
8. With the assistance of several strong men, we rebuilt the barn. (help)
9. Upon the sergeant's injunction, the soldiers stood at attention. (order)
10. William chased the mice into their hole, and Carlotta witnessed the scene. (see)
11. Their jokes were so funny that the audience were rolling in the aisles. (have)

### B. Reformulez, en utilisant une construction infinitive (avec *TO*).

Exemple : *It is important that the case should be solved quickly.* → *It is important to solve the case quickly.*

1. The milkman was shocked when he found the woman's body on the pavement early this morning.
2. It seems that she was hit on the head from behind.
3. Her boyfriend was the last person who saw her alive.
4. She walked back home alone, which was not very wise.
5. Haven't you found anyone who could confirm the boyfriend's story?
6. It is necessary that her next of kin should be informed quickly.
7. If only there was more information on which we could rely!
8. It is advisable that everyone in the neighbourhood should be questioned again.

## C. Compléments d'adjectifs. Reformulez, en employant l'infinitif avec *TO*. Le cas échéant, attention à la préposition qui introduit le sujet de l'infinitif.

Exemple : *I was rude to him, which was stupid.* → *It was stupid of me to be rude to him.* (NB : il n'y a pas toujours extraposition.)

1. I was astonished when I heard that he had left the country.
2. It would be preferable if you told him yourself.
3. He was very brave: he dived into the waves to save the little girl.
4. Accounting for her insolent behaviour will not be easy.
5. It pleased them a great deal that they were awarded the first prize.
6. You made the same mistake again; wasn't that careless?
7. People have difficulty getting to that tiny mountain village.
8. There is a good chance that Cyril will arrive before you do.

## D. *TO* ou *-ING*. Mettez le verbe à la forme qui convient, en ajoutant une préposition lorsque cela est nécessaire.

1. I advise you (wait) before (decide) (accept) the job. They are apt (offer) you more money.
2. I wish you would stop (insist) (jump) up every time your son wants something. Once he is used (be) (wait) on, you will end up (be) his slave.
3. We suggested (stay) in a hotel, but the children were anxious (camp) out. They love (rough) it.
4. He intends (study) anthropology; he seems (be) keen (read) all he can on the subject.
5. Please don't forget (remind) your brother (finish) (clean) the staircase before the guests arrive.
6. He denied (sign) the order form.
7. They hesitated (accept) our invitation.
8. Are you prepared (risk) (lose) everything you've won so far?
9. Next time, try (get) here a little earlier.
10. He stayed at home. He was afraid (go out) at night.

## E. Subordonnées à l'infinitif (sans *TO*, avec *TO* ou avec *FOR… TO*). Traduisez.

1. Le fait d'être membre du club vous donne le droit de vous garer sur ce parking.
2. — Qui vous a appris à vous servir de ce logiciel ?
   — Vous-même. Vous ne vous rappelez pas ?
3. Il a fortement incité les personnes présentes à prendre une assurance contre les risques de vol.
4. Je veux que vous lâchiez cette poignée tout de suite !
5. Je suis ravi d'apprendre que vous avez été reçu à l'examen du permis de conduire.
6. Je me dépêche de vous dire que votre acompte [= *deposit*] sera remboursé dans le cas où le contrat serait annulé.
7. Attendons qu'ils aient fini de dîner.
8. Il voudrait que je lui fasse des excuses, mais j'estime que c'est à lui de m'en faire.
9. Qu'ils se mettent immédiatement au travail serait préférable, évidemment.
10. Il n'y a rien de pire que de maltraiter un enfant quand on est adulte. [Utilisez *for… to…*]
11. Elle a demandé que tout le monde soit prêt pour huit heures demain matin.
12. Je préfère rester dans votre bureau plutôt que d'aller attendre sous la pluie.
13. Il est très désireux [= *anxious*] d'éviter un conflit.
14. Je ne vois aucune raison de ne pas l'inviter.
15. Il a défié son adversaire de prouver qu'il avait touché des pots de vin [= *bribes*].
16. Je ne m'attendais pas à ce qu'il arrête de fumer aussi facilement.

## F. Subordonnées compléments d'un verbe, d'un adjectif ou d'un nom (formes impersonnelles diverses). Traduisez.

1. Il vit venir vers lui un vieillard et un jeune enfant.
2. Je me rappelle très bien lui avoir rendu la monnaie.
3. Mes cheveux ont grand besoin d'être lavés.
4. Faites-moi penser à prendre ma carte de téléphone.
5. Il avait été averti qu'il ne fallait pas naviguer avec des bourrasques [= *gales*] de force huit.
6. Il n'a pas souhaité que sa photo soit publiée.
7. Je ne voulais pas vous vexer, mais il m'aurait été difficile de ne pas dire la vérité.
8. Tu m'aides à rentrer les chaises ? Il ne va pas tarder à pleuvoir, je crois.
9. La question est de savoir comment réduire les coûts de production sans diminuer la qualité des produits.

10. Est-ce qu'ils ont accepté de partager les frais avec vous ?
11. — Vous avez besoin de dormir, c'est tout. Arrêtez de vous faire du souci pour votre santé.
    — Oui, mais je n'arrive pas à m'endormir le soir.
    — Eh bien… essayez de boire un verre de lait avant d'aller vous coucher.

## G. Subordonnées compléments d'un verbe, d'un adjectif ou d'un nom (formes impersonnelles diverses). Traduisez.

1. Je préférerais éviter de la froisser.
2. Il admet avoir reçu une somme importante en paiement de ses services.
3. Je n'ai pas voulu interrompre la réunion, j'ai donc attendu la fin pour vous donner cette nouvelle.
4. Cette question mérite d'être posée.
5. Il devait être dix heures du soir. Ils ont vu trois personnes s'approcher de la vitrine.
6. Je suggère qu'on l'attende ici.
7. Sa réponse idiote a déclenché les rires des autres élèves.
8. Vous attendiez-vous à ce que le directeur lui-même se déplace ?
9. Il a commencé par commenter les chiffres du chômage, et il a poursuivi en expliquant qu'à son avis la situation ne pouvait que s'améliorer.
10. J'ai apprécié que votre fils vienne m'attendre à la gare avec sa Ferrari.
11. Je ne jurerais pas l'avoir déjà rencontré, mais après tout c'est possible.
12. Veuillez m'excuser d'arriver si tard.

## H. Équivalents anglais de « faire » et de « laisser » + infinitif. Traduisez.

1. Rien n'a été fait pour eux, on les a laissés mourir de faim.
2. Les bandits ont fait descendre tous les voyageurs du car et leur ont volé leurs bijoux et leurs carnets de chèques.
3. Laisse sortir le chien.
4. Vous ne préféreriez pas que je fasse livrer l'appareil à votre domicile ? On ne vous fera pas payer plus cher, rassurez-vous.
5. Il n'a rien laissé paraître de sa déception.
6. Le jour où il est arrivé, on lui a fait classer des dossiers. Pourtant, on lui avait laissé entendre qu'il était engagé comme comptable.
7. Il aime faire pousser des fleurs exotiques dans son jardin.
8. Le roi Eric XIV fit construire à cet endroit un magnifique palais.
9. Ils sont partis à trois heures du matin, et ils m'ont laissé faire la vaisselle.
10. J'ai fait refaire l'exercice à trois étudiants.
11. Ça vous dérangerait de faire livrer ce colis d'ici samedi matin ?
12. Il parle bien l'allemand, mais il n'est pas arrivé à se faire comprendre.
13. Laisse parler Tony.
14. — Vous savez faire cuire les surgelés ?
    — Oui. Je les mets dans le micro-ondes.

15. Il faut absolument que je me fasse couper les cheveux avant le mariage de ta sœur.
16. Je suis désolé de vous avoir fait attendre.
17. On lui fit enlever ses chaussures.
18. Vous voulez faire laver ces draps ? Impossible. Les blanchisseries sont en grève depuis hier matin.
19. Je ferai connaître ma décision en temps utile.
20. — Est-ce qu'ils lui ont fait payer les dégâts ? — Je pense que non.
21. Ce soleil va faire pousser les tulipes que je viens de planter.
22. Quand je suis arrivé, il a fallu que je fasse réparer tous les robinets de la maison. Aucun ne fonctionnait convenablement.

## 3. Révision

### A. Complétez à l'aide des éléments fournis. Il peut y avoir plusieurs solutions.

1. It may be desirable (a few of you / wait here)
2. Does anyone mind (the workers / take a break)
3. Father objects (I / use his car)
4. The excursion will entail (each person / pay a small fee)
5. Sarah reminded (Bert / lock the doors)
6. Bert remembered (Sarah / pull down the blinds)
7. Everyone expects (the play / be a success)
8. We all hope (the audience / be receptive)
9. The students wished (they / not have to take exams)
10. Rebecca suggested (Paul / pick her up at the office)

### B. Traduisez.

Attention à la construction du verbe.

1. Comment ça se fait que tu ne te rappelles pas l'avoir acheté ?
2. Le jeune Jimmy aimerait que les vacances durent plus longtemps.
3. Il croyait être le seul à savoir la vérité.
4. Le maire a dit être convaincu que tout s'arrangerait.
5. On disait qu'il vivait seul dans sa grande maison.
6. On m'a dit qu'il n'aimait pas les enfants.
7. Elle n'aimerait pas beaucoup que son fils élève des souris blanches.
8. Est-ce que ce roman vaut la peine d'être lu ?
9. Il croyait avoir découvert comment changer le plomb en or.
10. Il faut que je pense à acheter des cigarettes.
11. Rappelle à ton frère d'acheter le journal d'aujourd'hui.
12. Je ne regrette pas de lui avoir dit la vérité.

## C. Traduisez. Attention à la construction du verbe.

1. Le patron nous a dit d'attendre ici.
2. Le patron veut que nous attendions ici.
3. Le patron a dit qu'il fallait attendre.
4. J'aimerais bien que vous m'attendiez quelque temps.
5. Le patron a expliqué aux employés qu'il risquait d'être en retard et qu'il leur faudrait l'attendre.
6. Le patron a rappelé à tout le monde qu'il risquait d'être en retard.

## D. Traduisez. Attention à la construction du verbe : forme -*ING* ou infinitif ?

1. Brian a proposé à Christine d'aller au cinéma.
2. Brian a proposé d'aller au cinéma.
3. Brian a proposé de faire la vaisselle.
4. Brian a proposé à Christine de réparer sa voiture.
5. Brian a évité de faire la vaisselle.
6. Brian se rappelle avoir fait la vaisselle avec de l'eau froide.
7. Le garagiste leur a conseillé de changer de voiture.
8. Le garagiste conseille de changer de voiture tous les deux ans.
9. Le garagiste leur a rappelé de changer de voiture.
10. La voiture a besoin d'être nettoyée.
11. Le règlement ne permet pas de sortir après dix heures.
12. Le concierge ne leur a pas permis d'entrer.

## E. Traduisez. Certaines subordonnées doivent inclure un verbe au prétérit non temporel, mais pas toutes.

1. Je voudrais bien qu'il fasse beau le jour du mariage.
2. J'espère qu'il fera beau le jour du mariage.
3. J'aurais voulu qu'il fasse beau le jour du mariage.
4. Je regrette qu'il n'ait pas fait beau le jour du mariage.
5. Je ne voudrais pas que tu te maries avec un homme aussi bête.
6. Si seulement le marié était aussi intelligent qu'il est beau !
7. Je ne crois pas que les mariés aimeraient ce genre de cadeau.
8. J'adorerais qu'on m'offre ce genre de cadeau de mariage.

## F. Expliquez la différence de sens entre les deux phrases.

1. Try to hold your breath for a whole minute. / Try holding your breath for a whole minute.
2. Did you remember to take in the laundry? / Do you remember taking in the laundry?

3. Little Johnny was told to act like a man. / Little Johnny was said to act like a man.
4. It would be lovely of you to pick some fresh strawberries. / It would be lovely for you to pick some fresh strawberries.
5. I'd like to have this stain removed from my jacket. / I'd like to get this stain off my jacket.
6. He used to get up at five o'clock. / He is used to getting up at five o'clock.
7. She is sure to pass her exams. / She is sure she will pass her exams.
8. What he said is not clear. / It is not clear what he said.

## G. Subordonnées diverses. Associez chaque élément de la première colonne avec le ou les éléments compatibles de la deuxième colonne.

| | |
|---|---|
| Whatever we tell him | |
| He is said | |
| We are sure | |
| We don't remember | that he didn't do his homework |
| We find it quite surprising | to do his homework |
| We wish | he won't do his homework |
| We wonder whether | that he should do his homework |
| The trouble is | his doing his homework |
| He is told | he did his homework |
| We believe | not to do his homework |
| We urged | him to do his homework |
| We hope | he would do his homework |
| It is unlikely | |
| We reminded | |
| He made up his mind | |

## H. Subordonnées diverses. Traduisez.

Attention : une construction à un mode impersonnel est possible, ou même obligatoire, dans certains cas.

1. — Tu ne sais pas où est Celia ?
   — Arrête de me poser des questions !
2. Je suis désolé d'avoir oublié de répondre à votre lettre.
3. La question n'est pas de savoir s'il va nous aider, mais de savoir quand il le pourra.
4. Ce qui l'a vexé, c'est que nous disions tous qu'il aurait dû être plus gentil avec sa petite sœur.

5. Je regrette que vous n'ayez pas répondu à mon courriel. [Utilisez le verbe *wish*.]
6. Je n'arrive pas à me rappeler où j'ai bien pu ranger cette facture d'électricité.
7. Il m'a dit à quel point il était déçu de la réaction des membres du comité.
8. Il m'a dit qu'il regrettait [utilisez le verbe *wish*] de ne pas avoir été là quand nous avons fêté l'anniversaire de Kate.
9. Elle a cherché à savoir quelle serait la position du gouvernement dans le cas où les négociations échoueraient.
10. Il admet s'être trompé en cette occasion.
11. S'il continue à faire tant de bruit, je téléphone aux flics.
12. J'aimerais bien [utilisez le verbe *wish*] que vous arrêtiez de faire ce bruit insupportable.
13. Le débat portait sur la façon dont nous devions présenter le projet.
14. Je ne sais pas quelle hauteur il fera, votre arbre. Ça dépend combien vous voulez y mettre.
15. Ce qu'il y a, c'est que vous ne nous aviez pas avertis de votre visite.

## **I. Subordonnées sujet ou attribut ; constructions extraposées. Traduisez. Dans certains cas, deux constructions seront possibles (mode impersonnel et mode personnel) ; donnez alors les deux constructions.**

1. Il trouva difficile de cacher sa déception, et sa femme également.
2. Le mieux, c'est d'attendre qu'il y ait un peu moins de circulation.
3. Ma suggestion, c'était que Cyril commence à éplucher les pommes de terre.
4. Il est important que les blessés soient conduits le plus vite possible à l'hôpital.
5. Réduire l'aide à ces pays aura un effet désastreux sur leur développement économique.
6. Tout ce qu'il a fait, c'est s'assurer que le robinet ne fuyait pas.
7. Ce serait une grosse erreur de la part de Simon que de ne pas écouter les conseils de sa femme.
8. Ça ne sert à rien de le lui dire. De toute façon il n'en fera qu'à sa tête.
9. Il est préférable qu'il y ait de la nourriture dans le réfrigérateur quand ils arriveront.
10. Tout ce qu'il a trouvé, c'est deux chaussures dépareillées [= *odd*].

# SECTION 9

## Autres phrases complexes

➤ *Grammaire* chapitres 27, 28, 29

## 1. Subordonnées adverbiales (➤ *Grammaire* chapitre 27)

### A. Remplacez les subordonnées nominales par des subordonnées adverbiales de même sens.

1. Looking at his face in the mirror, he saw he had a red pimple on his nose.
2. Having fed the children and put them to bed, the baby-sitter put on the TV.
3. On hearing the news, Lady McDonald gave out a whimper and fainted.
4. Being too harsh to your son will only make him unhappy.
5. Thinking they were late, they ran all the way to the railway station.
6. Telling her what you think of her would make things worse.

### © B. Réunissez les deux phrases à l'aide d'une subordonnée adverbiale, en modifiant les formes verbales lorsque cela est nécessaire.

Certains termes deviendront peut-être superflus à la suite des transformations. Il peut y avoir plusieurs solutions.

Exemple : *John may inherit his aunt's house. In that case, he will move out of his flat.*
→ *If John inherits his aunt's house, he will move out of his flat.*

1. Everyone stopped talking. Then the professor began his lecture.
2. Everyone must stop talking. Then the professor will begin his lecture immediately.
3. My plans will be definite soon. I'll tell you about them then, but not before.
4. The cat moved stealthily across the room. The whole time, it never took its eyes off the birdcage.
5. My cousin will arrive this evening. The other guests will have left by then.
6. He'll have to find a part-time job. Otherwise, he won't be able to continue his studies.
7. You must take the plant in in the winter. Under those conditions, it will bloom every year.
8. He does not know how to swim. Nevertheless, he enjoys an occasional dip in the pool.

9. First I shall assemble all the ingredients. After that, I shall prepare the cake batter.
10. We drank and talked until 2 a.m. Consequently we had a hard time getting up in the morning.
11. We want to go shopping this afternoon. Therefore I shall give you a hand with the housework this morning.
12. He did not wish to frighten the young children. Therefore he did not wear his Frankenstein costume in their presence.

## C. Associez un élément de chaque colonne pour former des phrases cohérentes. Il est souvent possible d'utiliser le même élément dans des combinaisons différentes, mais tout n'est pas possible.

1.

| | | |
|---|---|---|
| a. We bought our tickets beforehand | p. by the time | w. we arrived twenty minutes late |
| b. The film was just beginning | q. although | x. we would not have to queue up |
| c. The film had already begun | r. since | y. we found our seats |
| d. We had trouble following the plot | s. so that | z. we did not miss the opening scene |

2.

| | | |
|---|---|---|
| a. Passengers are requested to remain seated | p. because | w. the plane is in the air |
| b. The seat-belt sign will not go on | q. in case | x. a storm warning is issued |
| c. The seat-belt sign has just flashed on | r. until | y. a storm warning has been issued |
| d. The stewards have a good deal to do | s. while | z. the plane comes to a complete stop |

3.

| | | |
|---|---|---|
| a. Let's pack a picnic lunch | p. after | w. we can spend the whole day at the beach |
| b. Don't go to buy fish | q. even if | x. the fishing boats have docked |
| c. We may visit the port in the afternoon | r. so that | y. someone would rather do something else |
| d. There won't be time for a proper visit | s. unless | z. everyone gets a chance to see the boats |

4.

| | | | | | |
|---|---|---|---|---|---|
| a. | A bomb exploded | p. | before | w. | another bomb should be planted |
| b. | An alarm would go off | q. | if | x. | any new attempt may be foiled |
| c. | All alerts were taken seriously | r. | lest | y. | a suspicious-looking object was found |
| d. | The police are patrolling night and day | s. | so that | z. | one of the terrorists was arrested |

## D. Remplacez l'élément souligné par une des expressions fournies, de façon à préserver le sens.

whereas provided before from the time when the whole time
when the moment rather because (à utiliser 2 fois)

1.a You may borrow my racket <u>as long as</u> you bring it back before my tennis class tomorrow evening.
1.b You may keep my racket <u>as long as</u> you need it, I've given up tennis.
2.a I don't like bagels <u>while</u> my sister loves them.
2.b <u>While</u> she was in New York, my sister learnt how to make bagels.
3.a He has been unable to carry anything heavy <u>since</u> he broke his arm.
3.b <u>Since</u> he broke his arm, he mustn't carry anything heavy.
4.a My mother-in-law will fly <u>sooner than</u> take the Eurostar.
4.b My mother-in-law will arrive <u>sooner than</u> all our other guests.
5.a The phone started ringing <u>as</u> Captain Haddock got into his bath.
5.b <u>As</u> no-one picked up the phone, Captain Haddock had to get out of the bath.

## E. Subordonnées de temps. Complétez par une conjonction de temps appropriée. Dans certains cas, il y aura plusieurs possibilités.

1. … Duncan lay on the sofa watching *Friends*, Sally was fixing the washing machine.
2. Duncan lay on the sofa watching *Friends* … Sally had fixed the washing machine.
3. … Sally was busy fixing the washing machine, Duncan remained on the sofa.
4. … Sally had fixed the washing machine, Duncan said he was hungry.
5. … Sally could say anything, he suggested she should prepare the dinner.
6. … Duncan had his dinner, he went upstairs … Sally was doing the washing-up.
7. … Sally had done the washing-up, Duncan had fallen asleep.
8. … Duncan had fallen asleep, Sally packed up and left the house.

## F. Subordonnées de lieu, de temps et de condition. Traduisez.

1. Depuis qu'il a appris qu'elle fait très bien la cuisine, il est très amoureux d'elle.
2. À peine eut-il appuyé sur le bouton qu'on vit la porte s'ouvrir.
3. Est-ce que cela vous dérangerait d'essuyer ces assiettes pendant que je finirai de débarrasser la table ?
4. Il a laissé le journal où il l'avait trouvé.
5. J'attendrai aussi longtemps qu'il sera nécessaire.
6. Il vous contactera, à moins qu'il n'ait décidé d'engager une autre personne.
7. Dès qu'il m'a aperçu, il m'a regardé en souriant.
8. Il nous a dit qu'il viendrait nous voir dès que sa voiture serait réparée.
9. Quand il a eu fini de réparer la chasse d'eau [= ici, *the toilet*], ils lui ont demandé de jeter un coup d'œil au téléviseur.
10. Si jamais il l'apprend, il sera furieux.
11. Il pourrait s'écouler un certain temps avant que la distribution d'eau potable ne soit rétablie.
12. Plus vous essaierez de le persuader, plus il s'obstinera et plus il sera certain d'avoir raison.

## G. Subordonnées de lieu, de temps et de condition. Traduisez.

1. Tant que vous n'aurez pas fini de payer votre voiture, vous ne pourrez pas vous mettre à faire des économies.
2. Voulez-vous avoir l'amabilité de me dire où je pourrai trouver la maison des Morton quand j'arriverai au village ?
3. Elle ne peut pas s'empêcher de se moquer de lui chaque fois qu'elle l'entend jouer de l'accordéon.
4. On a pensé que tu pourrais t'occuper des enfants pendant que nous irions au concert, puisque la musique ne t'intéresse pas.
5. Il a une angine, mais quand il sera guéri il pourra recommencer à s'entraîner.
6. Quand ils étaient sur l'île, il leur fallait parfois attendre plusieurs jours avant d'être ravitaillés.
7. Il faudra tenir compte des derniers chiffres avant de décider si l'on doit continuer la production.
8. Le lave-vaisselle que j'ai acheté à crédit sera hors d'usage depuis longtemps quand je finirai de payer les dernières traites.
9. J'aimerais savoir si c'est toujours la famille Major qui tient ce petit hôtel où j'ai l'habitude de loger chaque fois que je vais à Norwich. J'espère que oui.
10. Il m'a dit qu'il s'arrêterait de braconner [= *to poach*] quand les gardes-chasses seraient plus nombreux.
11. Le directeur des ventes est entré dans le bureau juste au moment où elle faisait son numéro d'imitation [= *do her impersonation*] du PDG.
12. Je l'aurais su plus tôt, je vous aurais invitée.

## H. Choisissez la ou les conjonctions qui conviennent. Il peut y avoir plusieurs solutions.

1. I was prescribed aspirin tablets … I got those headaches again.
   a) because b) whereas c) although d) in case
2. I was only prescribed aspirin tablets … my headaches are quite bad.
   a) in case b) although c) because d) as
3. … it had begun to snow, she preferred to take a taxi to the town centre.
   a) whereas b) since c) when d) as
4. … it began to snow, she decided not to take her own car and called a taxi.
   a) when b) whereas c) as d) although
5. He stayed in bed … his mother warned him he would be late for school.
   a) after b) until c) even though d) for
6. He stayed in bed … he did not want to go to school.
   a) as b) because c) whenever d) though
7. She kept bossing him around … he was one of her pupils.
   a) as though b) when c) unless d) while
8. She kept bossing him around … he nearly broke down.
   a) although b) until c) unless d) so that

## © I. Subordonnées de cause, de conséquence et de but. Traduisez.

Plusieurs constructions sont souvent possibles, en particulier pour exprimer le but.

1. De chez lui à la librairie, il y a au moins un kilomètre. Il lui faudra à peu près un quart d'heure pour y aller à pied.
2. Des dispositions avaient été prises pour que le Président puisse rencontrer les autres chefs d'État.
3. Il faut expédier ce colis le plus vite possible, pour qu'ils le reçoivent avant Noël.
4. Elle s'est levée à six heures moins le quart, pour ne pas manquer son train.
5. Il était tellement fatigué et il avait tellement besoin de sommeil qu'il ne parvenait pas à garder les yeux ouverts.
6. Je lui ai donné votre numéro de téléphone pour qu'il puisse vous prévenir dès que le colis arriverait. L'a-t-il fait ?
7. Il m'a dit que je devrais toujours avoir un extincteur chez moi, pour le cas où il y aurait un incendie.
8. Pour que votre plante pousse bien, il faut lui mettre un peu d'engrais [= *fertilizer*].
9. Elle ne laisse jamais de messages, si bien que personne ne la rappelle.
10. Je n'ai pas sonné, de peur de réveiller le bébé.
11. Si grande était son inquiétude qu'elle téléphona à tous les hôpitaux de la ville pour savoir s'il n'avait pas eu un accident.
12. La pancarte est là pour que tout le monde la voie.

## J. Subordonnées adverbiales diverses. Traduisez.

1. — À trois ans, elle savait déjà skier.
   — Je m'en serais douté, à voir avec quelle facilité elle skie actuellement.
2. Cela fait plus de huit jours que j'ai commencé à lire ce roman, mais, si curieux que cela paraisse, je n'en suis qu'à la cinquante-deuxième page.
3. Bien que malade [donnez au moins deux traductions], il prit sa voiture et conduisit quatre heures d'affilée.
4. En tant que bouddhiste, c'est un partisan du jeûne.
5. Il se faisait tard et la neige s'était mise à tomber, de sorte qu'il leur fallut rebrousser chemin.
6. Il s'avança comme pour leur parler, mais finalement il détourna le regard.
7. Il y a trop peu de monde ici l'hiver pour que des commerçants puissent gagner leur vie convenablement.
8. Bien qu'ayant beaucoup d'argent, ils vivaient dans un petit appartement de trois pièces.
9. Presque personne n'est allé le voir quand il a été opéré. Pourtant ses amis devaient savoir qu'il était à l'hôpital.
10. Puisqu'il n'y aura aucun train demain, pourquoi tu n'essaierais pas de prendre l'autobus, quitte à mettre deux fois plus de temps que d'habitude ?
11. Vous aurez beau vous plaindre, ça continuera comme avant. Il faudra vous y faire.
12. Comme on vous l'a expliqué, il n'est pas possible de rembourser un vêtement qui a été porté.
13. J'ai laissé la télécommande [= *the remote control*] sur la table, pour que tu essaies de la réparer avant de partir en vacances.
14. Si pressé qu'il soit, il prend toujours le temps de passer nous dire un petit bonjour.
15. Il n'y a pas assez de chaises pour que tout le monde s'asseoie.
16. Vous recevrez leur documentation [= *literature*], que vous la demandiez ou non.

## C K. Équivalents anglais de « en » + participe présent. Traduisez.

1. Tout en parlant, il scrutait la pièce, se demandant combien valaient les bibelots [= *knick-knacks*].
2. En entrant dans son bureau, j'ai tout de suite remarqué qu'il avait l'air de mauvaise humeur.
3. Il a été pris de panique en voyant que les voleurs étaient armés.
4. Ce n'est pas en le critiquant comme vous le faites que vous allez lui faire faire des progrès.
5. Je vous conseille de ne pas faire de bruit en mangeant votre potage quand vous irez dîner chez les Windsor, si vous ne voulez pas que Madame Windsor vous regarde de travers pendant le repas.

6. J'ai dit en plaisantant qu'il serait en retard et, qu'en arrivant, il commencerait par se plaindre de la chaleur, et c'est ce qu'il a fait.
7. Il est sorti du bâtiment en courant, comme s'il y avait le feu.
8. En apprenant une langue étrangère, on apprend un peu à connaître les peuples qui la parlent.
9. En arrivant sur le quai, il s'est aperçu que le bateau était déjà parti.
10. En traversant la rue juste en bas de chez elle, elle s'est fait renverser par un chauffard.
11. Il a l'habitude de boire un verre de jus d'orange le matin en se réveillant, et ensuite il part travailler sans manger ou boire autre chose.
12. Il riait beaucoup en nous racontant cette histoire.

## 2. Subordonnées relatives (➤ *Grammaire* chapitre 28)

### A. Associez les phrases fournies en 1 et 2 avec celles qui les suivent, en utilisant des propositions relatives.

1. I've just read a novel
   a) I bought it online
   b) it has more than 400 pages
   c) its price was reduced
   d) I paid a lot of money for it
   e) our professor wants us to summarize it
   f) the characters in it are really unusual
   g) you certainly know its author

2. I am a teacher
   a) everyone fears me
   b) everyone says they fear me
   c) I hate troublesome children
   d) my pupils often get punished
   e) one of my pupils once fainted with fear
   f) pupils run away from me
   g) I love my job

### B. Propositions restrictives, appositives ou autres. Réunissez les deux phrases de deux manières différentes, en utilisant des propositions relatives.

Exemple : *There were many people at the party. They all drank a lot.* → *All the people who were at the party drank a lot. / There were many people at the party, all of whom drank a lot.*

1. I opened the door to a man. He walked in silently.
2. We have been looking for a book. It deals with whaling.
3. They plan to buy a house. The roof will have to be replaced.
4. He walked off with a young girl. He did not know her at all.

5. I entered a compartment. An elderly man was already sitting there.
6. We are going to stay with friends in Surrey. Their daughter has left home.
7. She has published two short stories. They both take place in Quebec.
8. They live in a penthouse. There is a large terrace above it.
9. She showed us into a room. One wall was entirely lined with mirrors.
10. I was brought up by my grandfather. He is entirely responsible for my education.
11. Everyone was laughing at a clown. His shoes were on backwards.
12. Tears filled her eyes. She could do nothing about them.
13. Several beggars stood at the entrance to the church. Two were women.
14. The first name on the list is written in red. I believe it is yours.

## C. Ajoutez un pronom relatif lorsque cela s'impose.

1. I have often admired people … accomplished things … I would have been incapable of doing.
2. Do you remember the time … we all went swimming in the nude?
3. There is a TV programme … we ought to record: it's about Easter Island … you must have heard of.
4. Come again on a day … my husband is home.
5. He developed a strong aversion to the educational institutions … he attended.
6. British educational institutions, … he had attended several, were very little to his liking.
7. Your uncle is the biggest liar … ever set foot in my house.
8. The only objection … he had to the plan concerned the way … it was to be financed.
9. Everybody stayed for dinner, … my father was not too pleased about.
10. This is the first time … anyone has noticed the sign above the door.

## ◉ D. Traduisez, en vous méfiant des constructions verbales et de l'ordre des mots.

1. La personne à qui j'ai demandé n'a pas compris.
2. Il a enfin reçu l'augmentation qu'il espérait.
3. La tante Zelda déteste toutes les musiques que ses neveux écoutent.
4. Tu devrais nettoyer les outils dont tu t'es servi.
5. Le chasseur a raté le lapin qu'il visait.
6. Ce chien n'obéit qu'aux ordres que lui donne son maître.
7. Ce n'est pas un problème dont j'aimerais m'occuper.
8. Ce soir, tous les gens qu'a choisis notre invité sont réunis pour cette émission.
9. Quel était donc le roi à qui Victoria a succédé ?
10. Je regrette bien les vieilles chaussures dont j'ai dû me séparer.

## E. Traduction de « ce que », « celui qui », etc.

1. Je remercie tous les électeurs, même ceux qui n'ont pas voté pour moi.
2. J'ai horreur de ce qu'ils écrivent dans ce journal.
3. Le journal dit que les impôts ont baissé, ce qui n'est pas vrai du tout.
4. On ne devrait jamais écrire ce qu'on ne croit pas être vrai.
5. Les prix ont augmenté brutalement, ce qui inquiète beaucoup les consommateurs.
6. Ce qui inquiète le plus les consommateurs, c'est l'augmentation brutale des prix.
7. Tout ce qu'a dit l'orateur n'était pas également intéressant.
8. Est-ce que c'est tout ce qu'a dit le président ?
9. Il n'arrive jamais à se débarrasser de ce dont il ne se sert plus.
10. Ceux qui étaient en faveur d'une baisse des impôts n'étaient pas les plus pauvres.

## F. La traduction du français « dont ». Traduisez.

1. Toutes les cochonneries dont je me suis débarrassé pourront peut-être servir à quelqu'un.
2. Il y a des gens qui adorent collectionner toutes ces choses dont les autres ne veulent pas.
3. Parfois, on garde des objets dont l'utilité est douteuse, mais on ne sait jamais.
4. Les choses dont j'ai le plus envie sont trop chères pour moi.
5. Marcia est une personne dont j'envie beaucoup l'appartement.
6. Cet appartement, dont la salle de séjour est peinte en noir, est au dix-huitième étage.
7. La salle de séjour, dont un mur est entièrement vitré, ressemble à une grotte luxueuse.
8. Marcia possède plusieurs fauteuils anciens, dont un a appartenu à la reine Victoria.
9. Il faut dire que Marcia a plusieurs frères architectes, dont un est très célèbre.
10. Ce dont je suis très fier, c'est que Marcia, dont j'admire tant le goût, trouve que je m'habille très bien.
11. Aucun des amis dont je suis le plus proche n'a autant de goût que Marcia.
12. Quand même, je ne suis pas sûr que j'aimerais vivre dans un appartement dont les plafonds sont dorés.

## G. Restrictives et appositives. Traduisez.

La ponctuation a volontairement été remplacée par un symbole ❍ qui peut représenter une virgule aussi bien que rien du tout. Posez-vous la question suivante : oppose-t-on une catégorie à une autre ? Si deux sens sont possibles, comparez-les.

1. La télévision ❍ que tout le monde regarde tous les jours ❍ est une arme redoutable.
2. Les émissions ❍ que les gens regardent le plus ❍ pourraient être utilisées dans un but de propagande.
3. Les jeux ❍ qui sont très populaires ❍ servent déjà à la promotion des acteurs ou des chanteurs.
4. Les acteurs ❍ qui ne sont pas des imbéciles ❍ savent très bien se servir de ces émissions.
5. Toute personne ❍ qui a regardé des jeux télévisés au moins une fois ❍ a certainement compris que c'était seulement du spectacle.
6. Ma mère ❍ qui a participé à un jeu ❍ a été écœurée : tout était truqué.
7. Elle a écrit au directeur de la chaîne ❍ qui ne lui a jamais répondu.
8. Dans certains pays, le chef de l'État ❍ qui est tout-puissant ❍ donne directement ses ordres aux journalistes.
9. Certains politiciens ❍ que je pourrais nommer ❍ aimeraient bien utiliser le pouvoir de la télévision.
10. Les journalistes ❍ que j'apprécie ❍ sont ceux qui savent résister aux tentations et aux pressions.

## 3. La coordination et les corrélations (➤ *Grammaire* chapitre 29)

### A. Coordonnez les phrases de la manière la plus logique, en employant *AND*, *BUT*, *OR*, *BOTH… AND*, *EITHER… OR*, *NEITHER… NOR*, *WHETHER… OR*. Supprimez les éléments devenus superflus.

1. Everyone raves about that Chinese restaurant. I don't like Chinese food.
2. Stephen cannot sing; Stephen cannot dance. Still, he loves music.
3. You can speak to her in English, you can speak to her in French. It does not matter which.
4. Alison bought a cast-iron frying pan. It was too heavy for her to lift.
5. Hubert will go to university next year: he may study philosophy; he may study history.
6. The Americans admire the Japanese. At the same time, they fear the Japanese.
7. Our cat spends most of its time sleeping by the fire. The rest of the time, it hunts moles in the garden.
8. Bill is known for his wit; people like him for it. His wife is known for her kindness; people like her for that.
9. Perhaps we'll go to Italy for our holiday. Otherwise, we'll go to Greece. In either case, we won't leave before September.
10. Samantha does not want to leave her flat; her husband does not want to leave, either. However, the landlord has refused to renew their lease.

### © B. Traduisez en prêtant attention aux termes qui servent à coordonner.

1. Le village est complètement isolé. On ne peut l'atteindre ni par le train ni par l'autoroute.

2. Il fera des progrès soit en lisant beaucoup, soit en parlant avec les gens du pays.
3. Il ne fumait ni cigares ni cigarettes, mais parfois il fumait la pipe.
4. Ou vous obéissez, ou vous démissionnez. À vous de choisir.
5. Elle n'aime ni le bleu ni le noir. Elle n'aime que les couleurs claires.
6. La société exporte beaucoup, aussi bien vers l'Europe que vers l'Asie.
7. Nous irons soit à Londres soit sur la côte sud, mais certainement pas en Écosse.
8. Le spectacle devrait plaire à la fois aux enfants et aux adultes.
9. Qu'il chante ou qu'il danse, c'est toujours aussi mauvais.
10. Vous payez ou vous partez. Le propriétaire ne fait pas de crédit.

## 4. Révision

### A. Trouvez deux façons différentes de créer un lien logique entre les deux phrases, en utilisant des conjonctions de coordination ou de subordination. Évidemment, il peut y avoir plusieurs solutions.

Exemple : *He hit the ball hard. / It bounced out of the court.* → *He hit the ball hard, and it bounced out of the court.* Ou : *He hit the ball so hard that it bounced out of the court.*

1. Their son will move out soon. They will look for a smaller flat.
2. You ought to visit Prague now. It could be too late soon.
3. Expose yourself to the sun gradually. Otherwise, you will get a bad sunburn.
4. I had read all the books on the shelf. I borrowed a few from the library.
5. Unemployment should decrease. It will never disappear completely.
6. Little Becky knew how to read and write. She had not yet started going to school.
7. Your comment may have been justified. It struck me as out of place.
8. The thief will surely run very fast. Even so, the police will catch him.
9. Many children eat too many sweets. They suffer from tooth decay at an early age.
10. A fire might break out. You should take along some extra water.
11. Printed books may become obsolete some day. That day is a long time from now.
12. All cars will be equipped with catalytic converters soon. Until then, air pollution will continue to be a major problem.

### B. Formez une phrase complexe ayant le même sens que la phrase de départ, en utilisant l'amorce fournie.

1. People without adequate protection are not allowed to enter the danger zone. (Unless…)

2. You may not remember how to get to my house, so I'll draw you a map. (I'll draw you a map in…)
3. Thanks to the air-bag in his car, he was not badly injured in the collision. (If…)
4. In spite of her talent, her recital met with little enthusiasm. (Talented…)
5. Speak slowly and distinctly enough for the old man to understand you. (Provided…)
6. Her immediate acceptance of the terms of the contract put her at the top of the list. (Because…)
7. Dennis spoke in a whisper because he did not want to be overheard. (For fear…)
8. The removers are about to bring in the piano, after which you can begin practising. (Once…)
9. Not even by filing a million complaints will you make the management change their minds. (However…)
10. The dentist bringing the drill to my mouth brought tears to my eyes. (As soon as…)

## C. Subordonnées adverbiales diverses. Traduisez.

1. Elle m'a donné son adresse pour que je lui envoie les photos de la soirée. Je les lui enverrai dès que je les aurai fait développer, mais je crois qu'elles sont toutes ratées.
2. Il est arrivé avant qu'elle s'en aille, afin que les enfants ne restent pas seuls.
3. Il parlait trop vite pour que nous le comprenions.
4. Tout choqué qu'il fût, il put en moins de cinq minutes se dégager de l'épave, sortir du ravin et donner l'alarme.
5. Vous devriez prendre la clé, des fois qu'il aurait oublié de téléphoner pour prévenir de votre arrivée.
6. Tu n'as pas besoin d'échelle pour changer une ampoule. Tu n'as qu'à monter sur une chaise.
7. Cette pièce est trop petite pour y tenir une réunion.
8. Vous n'auriez pas dû déranger l'électricien pendant qu'il travaillait, même si c'était urgent. Je vous l'avais dit, il n'aime pas qu'on le dérange.
9. Comme le montre la carte météo, plus on va vers le nord [= *the further north…*], plus le ciel est nuageux.
10. Il est sorti de la salle de réunion sans que les autres membres du comité s'en rendent compte.
11. Qu'il n'ait pas réussi à traduire la lettre me surprend d'autant plus qu'il a appris l'italien pendant quatre ans à l'école.
12. Si bon navigateur qu'il soit, il ne pourra pas résister à cette mer démontée.
13. Plus vous essaierez de lui expliquer, moins il sera satisfait.
14. Plus les phrases sont longues, plus les étudiants ont du mal à les traduire.

## D. Traduisez. Il faut toujours qu'il y ait une proposition relative.

1. Ils n'oublieront jamais le jour où ils se sont rencontrés.
2. Ne me demandez pas la raison pour laquelle il se trouvait là ce jour-là.
3. La façon dont tout a commencé est très banale.
4. À l'instant où elle entrera dans la salle, tout le monde se mettra à chanter « Joyeux anniversaire ».
5. Aussitôt que vous la verrez entrer, cachez-vous derrière les fauteuils.
6. Sa façon de diriger le magasin n'a pas plu à la direction générale.
7. L'année où a éclaté la première bombe atomique marque le début d'une époque nouvelle.
8. J'adore la façon dont cet auteur décrit le pays.

# CORRIGÉS

## SECTION 1
## Assertion, question, négation

### 1. Auxiliaires et verbes

**Exercice D**

1. Isn't she the president of your association / club?
2. What does the opposition leader say about the current economic situation?
3. Philip could give you the answer. Haven't you tried phoning him?
4. After all, I'm the one who is the most directly affected by the problem, aren't I?
5. What are you interested in?
6. What does that smile mean? And what lies behind your silence?
7. Who thinks it would be better to postpone the meeting? / Who thinks the meeting should be put off?
8. Hasn't your brother already filed a claim for this?
9. Hasn't Bill ever heard of it?
10. Who can we call?

**Exercice F**

Lorsque l'intonation n'est pas indiquée, les deux schémas sont possibles.

1. That lady is Canadian, isn't she?
2. You haven't got a car, have you?
3. Your friends don't know Michael, do they?
4. The guide can speak Italian, can't he?
5. What you are trying to prove is that the figures are false, aren't you / isn't it? Well, we know that they are.
6. I'm not late, am I?
7. There are no messages for me, are there?
8. They arrived yesterday, didn't they?
9. It's cool this morning, isn't it? ↘
10. My name's the last on the list, isn't it?
11. There was a lot of fog, wasn't there? ↘ [si l'énonciateur était présent au moment de référence]
12. This is a wonderful show. And the tenor sings really well, doesn't he? ↘
13. I gave you back your book, didn't I?
14. You'll remember the number, won't you?

15. I'm late, aren't I? ↘
16. What a beautiful house! And the surrounding countryside is splendid, isn't it? ↘
17. So you ate all the cake, did you? ↗
18. He's a Virgo, isn't he? He was born on 17th September.

**Exercice G**

1. No, I won't.
2. Don't I? ↗ ; I don't? ↗
3. It does, doesn't it? ↘ ; So it does.
4. She didn't! ↘ ; She did? ↗
5. So did I.
6. There is? ↗ ; Is there? ↗
7. So did the previous ones.
8. (Oh) you do, do you? ↗ ; Do you? ↘
9. Neither do girls.
10. They were, weren't they? ↘ ; Weren't they! ↘

## 2. *BE*, *HAVE* et *GET*

**Exercice A**

1. Her husband is a dentist.
2. Am I not right to insist?
3. It is much too hot in this room, isn't it? Well, of course, you're always cold!
4. The station is about two kilometres from the town centre.
5. Don't be afraid; it's not going to bite you.
6. The swimming pool must be fifty metres long by twenty-five metres wide, at the most, but at least three metres deep.
7. She is not over eighteen, she gets a discount.
8. You're in a hurry, are you? Well, so am I. That's is no reason to jump the queue.

**Exercice D**

1. We had a good laugh that day.
2. Have a little more coffee, there is some left.
3. What? He hasn't got a phone?
4. He hasn't / doesn't have much time at midday, he only has a sandwich.
5. He's got a lot of free time.
6. They ended up having a fight. / They had a fight in the end.
7. She's got the flu I think.
8. I had a nightmare last night. I dreamt I was having a swim in the Thames in London.
9. Your girlfriend is nice. We often have a chat when we meet at the supermarket.
10. He always has a nap in the afternoon.

11. Did you have a pleasant summer?
12. Just have a glance at it.

**Exercice E**

1. Please get ready before the guests arrive.
2. My jacket has an unsightly stain on it.
3. Jay has exceptional courage.
4. So Peter and Karen have finally got married.
5. That girl is very graceful.
6. Isn't that gaudy purple umbrella yours?
7. The weather has been unusually fine this summer.
8. Were there enough sandwiches for all the guests?
9. The Peterson children got a new puppy for / at Christmas.
10. You don't have to be so rude. / You have no reason to be so rude.

**Exercice F**

1. I wouldn't be surprised if there were fireworks to wind things up.
2. There have been cows…
3. There being no polite way…
4. I would not wish (for) there to be the slightest misunderstanding.
5. There should have been a taxi waiting when you got downstairs.
6. There may not be / have been any reason for concern.
7. There seems to be / to have been some confusion…/ There seemed to be some confusion….
8. Will there be enough time for one more game?
9. There was to be / to have been a family reunion….
10. There promises to be a good deal of excitement….

## 3. Types de phrases

**Exercice B**

1. I wonder when that film was released / came out.
2. What is this thing for?
3. What does 'hypochondriac' mean?
4. How much does a racing bike cost?
5. Do you know how many weeks there are left before the exams?
6. How long ago was the cinema invented?
7. Have the Masked Avengers been making records for a long time?
8. Did you stay in California for a long time? / How long did you stay in California?
9. How much money do you have with you? Maybe you could pay for the bread for once? / just this once?
10. How come you don't like Chuck Salsaparilla's records?
11. 'I'm bored.' 'Why don't we go for a walk in the woods?' / How about a walk in the woods?
12. How many days are there in August?

**Exercice E**

1. What good beer! What flavour! / What a taste!
2. What a beautiful film! What a terrific / wonderful actor!
3. What a lot of money he's got!
4. How long it's taking!
5. What a stupid idea!
6. How stupid he can be!
7. How much money has he got?
8. Which film did you see?

**Exercice F**

1. What (a) nerve! And what patience you needed to put up with it / him! / And what patience it took for you to put up with him!
2. 'Your application was rejected because you did not post it by 22nd March.' 'But I did! I must have posted it on the 14th or the 15th or even before.'
3. What bad luck! / How unfortunate! Such a beautiful car!
4. I'm (ever) so hungry!
5. But I do like your rice pudding, really I do.
6. You gave me such a fright! / What a scare you gave me!
7. Freedom, freedom, how many crimes have been committed in your name!
8. What lovely music! / That music is so lovely!
9. Where *can* he have put the car keys?
10. Once you've answered my question…'
    'I *shan't* / *won't* answer it! How dare you ask me such a thing!'
11. What a success! How right we were to come!
12. How odd! You were at the pictures that day? And to think I thought you never went to the pictures!
13. What a genius he is! And how modestly he talks!
14. They do nothing but talk. Can't they do something for a change?

## 4. Révision

**Exercice A**

1. 'I've finished the first set of exercises. Have you?'
   'No, I haven't yet. I don't work as fast as you do.'
2. 'Is there a carafe on the table?' 'No, and there's no wine, either.'
3. 'Who wants some more mashed potatoes?' 'I don't / Not I.'
4. 'Look! Your little brother is swimming without his rubber ring!'
   'So he is!'
5. 'Have they reached a decision about the underground car park?'
   'Of course not / they haven't. They are waiting, as usual.'
6. He does not usually fly / go by plane, but his wife does. She travels a lot. So does he, actually, but he prefers the train.
7. The engine will be thoroughly checked, as will the brakes / and so will the brakes.

8. 'Didn't you invite the Wilkinsons?'
   'Of course I did. I rang them last night.'
9. 'We are going to Greece this summer.'
   'Are you? So are we. Are you going in August?'
10. She says that Pamela and Andrew are going to get married, but I don't think they are.
11. 'Someone (has) left the tap (US: faucet) on.'
    'So they have / did. There is water all over the place.'
12. They went to see the play last night.' 'We haven't been yet.'
13. 'Didn't you buy some pears yesterday?' 'Of course I did.'
14. How often does he wash his car? He washes it every week, doesn't he?
15. Most people think he is an engineer. Actually, he is no more an engineer than I am.

**Exercice D**

1. Why don't you ring / What's keeping you from ringing the doctor?
2. What is it you want to know exactly?
3. What did you say your name was?
4. 'The situation is bad / serious.' 'Yes, but just how bad / serious is it?'
5. How wide is this table?
6. Who should I ask for information about that job?
7. 'What did you think of the chili con carne?' 'It wasn't spicy/hot enough. / It was too mild.'
8. Who was your brother counting on to pay his debts?
9. How far is the nearest village from here?
10. 'How did you find this magnificent little flat?' 'Through an ad in the local paper.'

# SECTION 2
# Temps et aspects

## 1. Présent et prétérit

### Exercice C

1. bit; spit; thought; was; said
2. do you mind; smoke; asked; answered; don't do
3. did you find; looks; lost; belongs; admired; bought
4. pinched; began; swear; didn't mean; told; woke
5. wish; earned; could; went; found; has
6. finish; gave; forgot; rang
7. knows; revolves; use; do you think; did

## 2. La forme *BE + -ING*

### Exercice A

1. bx : à la forme progressive, le verbe *see* ne peut pas renvoyer ici à la perception, mais soit à un projet de rencontre, soit à un état de faits provisoire (*You're seeing things / I'm seeing my cousin every Thursday at the moment*).
2. ax : la limitation dans le temps exprimée par *for a few weeks* n'est pas compatible avec la vision globale inhérente au présent simple.
3. Toutes les combinaisons sont possibles.
4. ax et az : ancrage temporel des réponses x et z incompatible avec la valeur générique de a.
5. by : le repérage par rapport à un moment particulier dans le temps (*BE + -ING*) cadre mal avec le fait de parler plusieurs langues à la fois.
6. by : cette combinaison semble moins naturelle que les autres, car *is being* laisse entendre que ce comportement est lié à un moment particulier, en contradiction avec *always*. L'association deviendrait plus acceptable si l'on ajoutait à la première phrase : *as usual*.

### Exercice C

1. does that table cost; are rising; changes
2. is ringing; are hearing
3. are stepping; promise; are you implying
4. looks; don't we eat; do/did you see; are not eating
5. went; gave; was standing; arrived; are not getting; shouted; do you think
6. are you laughing; don't see; see; are always dreaming; want; are laughing; am not telling
7. Do you want; didn't know; had; Are you borrowing; belongs; doesn't like; isn't going; begins

8. is getting up; don't believe; sleeps; took; went; was just getting; You're always making; know
9. saw; were carrying; What did you buy?; bought; need(ed); has don't fit / had didn't fit; said; were ordering; am going
10. Are you doing; need; am sorting; contains; didn't know existed; want; stop

**Exercice D**

1. I can't hear anything; they must be taking a nap.
2. Since he was taking a plane the next day, he spent the night at our place.
3. 'What are you thinking about?' 'The Christmas holiday.'
4. That suitcase weighs twenty kilos. There aren't just clothes in it, are there?
5. 'What is that noise?' 'It's the neighbour calling her dog.' 'I can't understand what she is saying: what is its name?'
6. Did you know old Ernest? He used to drink rum mixed with tequila.
7. No, thanks, no wine for me; I'm working this afternoon.
8. What are you looking at? I can't see anything.

## 3. La forme *HAVE + -EN*

**Exercice A**

1.a. The new manager only arrived yesterday, but all his assistants (had) arrived the day before.
b. All your assistants have arrived, sir.
c. All your assistants arrived on Monday.
2.a. Doctor, I'm sure Nelly has already had measles.
b. She had already had them when she first went to school.
c. She had measles later than her sister.
3.a. Harvey, have you put the kettle on?
b. Yes, I put it on ten minutes ago.
c. I thought someone had already put it on, but I was wrong.
4.a. All major car manufacturers have raised their prices.
b. The new law banning price control was passed some time ago, but the car manufacturers had raised their prices well before that.
c. Several local shops raised their prices considerably last month.
5.a. I have seen that film before.
b. In fact, I saw it before you even knew about it.
c. … I had seen that film before.

**Exercice B**

1. Did you hear; missed; (have) read; did not say; has improved; took; has gone up; have done
2. haven't seen; left; have you been; went; lived; got; met; came; have brought
3. have just received; haven't paid; Didn't I give; did; spent; has told
4. have lived; have not got; were; moved in; lost; have not invited
5. Have you heard; rang; was; forgot; have been; felt; has made; has begun

**Exercice E**

1. They have sold ninety-eight copies of the book. / Ninety-eight copies of the book have been sold.
2. Someone has been eating my chocolates; the cover / wrapper is torn.
3. I'm sure you have had enough to drink. You have been drinking since you got here.
4. It's been raining. There is a big puddle in the garden.
5. I can smell the / It smells of whisky from here. Have you been drinking again?
6. Someone has been using my computer.
7. He is someone I have known for years.
8. Sorry to be so dirty; I've been gardening / working in the garden.

**Exercice G**

1. Alan and Sylvia have been married since last August.
2. Her husband has been dead for over a year.
3. Peter has had that car for six months.
4. My passport has been out of date since the end of November.
5. I haven't spoken to my sister for a month or so.
6. She has been able to / known how to swim since she was eight.
7. We haven't seen the Petersons since the Elliotts' reception.
8. My brother has been a member of the police force / a policeman since he left school.
9. She hasn't smoked since her baby was born.
10. My washing machine has been out of order for several days, and I can't find anyone to repair it.

## 4. Révision

**Exercice A**

1. aw — ay — bx — bz — cv
2. aw — ax — ay — bz — cv — cw — cx — cy
3. av — aw — az — bv — by — bz — cv — cw — cx — cy
4. av — aw — ax — bv — bx — bz — cv — cx — cy
5. aw — ax — bv — bw — cv — cy — cz

**Exercice C**

1. This is the second time I've had the flu this winter.
2. The sea's temperature must have been stable for several thousand years.
3. I've been using this dictionary for a long time.
4. She has been studying Japanese since last year.
5. I haven't eaten any oysters for some time / quite a while.
6. He has become very touchy since he got / has been married.
7. There has been less traffic on this road since last year.
8. 'Why are you crying?' 'I've been reading a love story.'

9. This is the second time I've tasted caviar. Not bad.
10. The ogre had not eaten such delicious meat for quite some time / a good long time.
11. The ship had been sailing on perfectly calm seas for weeks.
12. The robbers must have known where the money was hidden.
13. You must have noticed that prices had gone down considerably since last year.
14. It had been ready for some time, but no one told us / but we were not notified.
15. The wind had been blowing for hours.

# SECTION 3
# Modalités et modes

## 1. Modalités et auxiliaires modaux (généralités)

**Exercice B**

| | | |
|---|---|---|
| 1. | événement | (possibilité qu'il n'ait pas entendu) |
| 2. | modalité | (impossibilité) |
| 3. | événement | (obligation de ne pas…) |
| 4. | modalité | (absence de nécessité) |
| 5. | modalité | (absence d'obligation) |
| 6. | modalité | (impossibilité) |
| 7. | modalité | (absence de permission) |
| 8. | modalité | (improbabilité) |
| 9. | modalité | (absence de nécessité) |
| 10. | événement | (obligation de ne pas se taire) |
| 11. | événement | (risque de ne pas faire le bon choix) |
| 12. | événement | (possibilité qu'il n'y en ait pas assez) |

## 2. *CAN*, *MAY*, *MUST*

**Exercice A**

1. He couldn't / wasn't able to move his little toe before his operation. [nearly synonymous]
2. could [when = whenever]; were able to / were allowed to [on a particular rainy day]
3. were allowed to
4. couldn't [the traffic was an obstacle] / were not able to [we did not manage to]
5. can't have been [I am sure this was impossible]; couldn't have been [the idea is preposterous]
6. was able to
7. may / might not have been [nearly synonymous]
8. may have managed [perhaps you did]; might have managed [we don't know if you did *or* the argument was potentially convincing, but you did not succeed in persuading him]
9. She said we might / could [indirect speech]
10. He must have met [this is highly probable]; He had to meet [this was part of his job]
11. had to
12. must have found

13. must have found [we can only suppose that he did]; had to find [obligation; this was the only solution]
14. couldn't / were not allowed to / were not supposed to [nearly synonymous]

**Exercice F**

1. 'I (can) smell rotten eggs.' 'Actually, it smells of gas; there must be a leak.'
2. 'Excuse me, sir, may / can I borrow your pen for a moment?'
   'Of course you may / can. You can even keep it, it's not mine. Someone must have left it on that table yesterday or the day before. It can't be worth much.'
3. 'Your cheeks look very red; you must have a temperature.' 'I may have a temperature, but I can still go on working.'
4. 'I bought a lottery ticket, but I never win.' 'You mustn't lose hope; you might well win this time.'
5. 'Can you see that white patch below the pass?' 'Yes, I can.' 'Well, that's the shelter we have to reach / get to before nightfall.'
6. 'Could you repair this watch for me?' 'I'll check the battery first.' 'Oh yes, it may / could / might be the battery. How often does it have to be replaced?'
7. 'I could see there was a storm brewing.' 'You might have told us! / Couldn't you have told us?'
8. I wish I could have booked before we left.
9. Why didn't you come to our house last night? We could have put you up.
10. I may get there before you do.
11. We mustn't kid ourselves; it will be four or five weeks before he can walk again / he won't be able to walk again for another four or five weeks.
12. He may / might not be there yet, but I'd rather find out for myself.
13. He can't have gone back to London last night.
14. I don't think you can cash this cheque; it is no longer valid, is it?
15. Clever though you may be, you'll never win against him.
16. He could only get worse, seeing that he did not even follow the surgeon's prescription.

## 3. *WILL* et *SHALL*

**Exercice B**

Les phrases suivantes ont nécessairement une forme pleine : 3, 5.

**Exercice D**

1. Someone will trip over your bag…
2. If you had switched off your phone…
3. … unless one of you stays here with me.
4. That dress would fit you all right…
5. … if you didn't talk so much.
6. … we would have celebrated till morning.
7. I would help you…

8. You wouldn't have passed...
9. ... what would you do?
10. If you hadn't eaten so much chocolate...
11. If you had done some shopping...

**Exercice E**

1. You'll never finish this essay in time unless you cancel your evening out with Karen.
2. If you don't stop upsetting your secretary, she'll sue you for harassment.
3. If she hadn't had a fairy godmother, she wouldn't have attended the King's ball.
4. Look at you! You wouldn't look so unhealthy if you didn't drink and smoke so much.
5. If our flat weren't so small, we would have invited you over sooner.
6. If you really loved me, you would realise how much your behaviour hurts.
7. If the neighbour had not told me everything she knew, I could not have / would not have been able to find out the truth.

**Exercice G**

1. He would not give the photos back to us.
2. We'll invite you to dinner as soon as we have finished fixing up our flat.
3. On 3rd July 2004 he was elected head of the main opposition party, and three years later he was to win the elections.
4. There is going to be a lot of noise, isn't there?
5. 'We'll need two pounds of potatoes. Shall I go (and) buy them, or will you?' 'You go. While you're out I'll peel the carrots and put the chicken in the oven.'
6. He's not the least bit stingy. You ask him to lend you twenty euros and he'll hand them over directly.
7. Mummy, they won't let me play at the PlayStation with them.
8. 'Stop this instant or I'll call the police.'
   'OK I'll stop, but you needn't get so upset.'
9. 'I won't sign this paper!' 'Yes, you will!' 'No, I won't!' 'Yes, you will!'
10. Just a second please. I'm coming.
11. Well, have you made up your mind? Yes, I'll take both of them.
12. 'You can't wear that jacket. It has a stain on it.' 'I know it has. I wasn't going to wear it / I have no intention of wearing it. I'm going to take it to the cleaner's / I'm taking it to the cleaner's.'
13. 'Hasn't he eaten anything?' 'No. He won't eat off a chipped plate.'
14. 'Shall I drive you home or would you rather walk?' 'No, I'll walk, seeing how eagerly you offered to drive me.'

**Exercice I**

1. However much you scream / Go ahead and scream, no one will hear you.
2. You should have told me you did not like lamb chops. I would have given you a leg of lamb instead. Oh, you don't like that, either? I should have known.

3. You shouldn't have pruned that plum tree! Pruning could kill it. You see, we've been picking plums from it for ten years, and it has never been pruned.
4. Are you too hot? Would you like me to open / Shall I open the window?
5. 'Now he is saying that he'd rather fly / go by plane.'
   'He would!'
6. And of all the lucky things, who should discover the fax this morning but the marketing manager!
7. If I were you, I'd stop worrying.
8. Why should his family get worried? He will often go for weeks without letting them hear from him.
9. 'I hope you won't be ill.' 'Why should I be?'
10. If you had got here two minutes later, you would not have found me in.
11. He should have been here for at least fifteen minutes. He must have missed the last tube.
12. It's sad that they should have had to turn back when they had nearly reached the top.

## 4. *OUGHT TO, NEED, DARE*, expressions de modalité

### Exercice B

1. I needn't have gone
2. You mustn't worry
3. needn't / mustn't / don't have to look
4. didn't have to wait
5. mustn't make
6. don't have to / needn't leave
7. don't have to cross
8. needn't have gone
9. didn't have to pay
10. mustn't speak

### Exercice E

1. He fell seriously ill on 23rd October and was to die a few days later.
2. 'I have come to say good-bye.' 'Are you leaving already?' 'Yes, I should have left yesterday, actually, but I couldn't because of the strike.'
3. You mustn't / are not to / can't smoke in this room.
4. The Prime Minister is to give a press conference on TV at 8 o'clock tomorrow.
5. That afternoon, they were supposed to play bridge at my house, but they had to take their dog to the vet.
6. Of course I know him. We are to have lunch together the next time he is in France.
7. 'You say he's the one to blame…' 'No, I said he was more to be pitied than blamed.'

8. In the end, his invention was to prove most useful.
9. We looked everywhere, but we couldn't find the corkscrew. Someone must have taken it away by mistake. We ended up having to borrow one from the neighbour, so of course we had to invite him over.
10. They got there too late, there was nothing to be done.

**Exercice G**

1. He is apt to forget his promises, isn't he?
2. They are not likely to get here tomorrow.
3. You know you were supposed to be here at four, don't you? We've been waiting for you for three quarters of an hour.
4. We had better wait for them here, hadn't we? If we go on, they are liable to / might think our bus hasn't arrived yet.
5. She needn't have bought so many sandwiches. We'll never be able to eat them all.
6. 'Don't you want a drink?' 'No, I'd rather not, I'm driving.'
7. I happen to belong to the club you were just talking about.
8. Yes, he does know how to drive, but like all English people, he is used to driving a car with the steering wheel on the right. That's why he'd rather not take your car to go into the village.
9. You needn't have called for a locksmith, since we were able to get in through the bathroom window.
10. I'd rather you waited here if you don't mind.
11. When traffic is this bad there are bound to be accidents.
12. He works much more that he used to.
13. He can be most unpleasant.
14. We were about to leave when the doorbell rang.
15. He should be here by now. He must have run into some friend and stopped at the pub on the corner. He'll do that at times.

## 5. Subjonctif, impératif, modes impersonnels

**Exercice A**

1. The plan is that everyone should get up at dawn.
2. I'd rather you listened when I spoke/when I speak.
3. It was essential that his real identity be kept secret.
4. The little boy follows his mother around as though he were a dog.
5. Come what may, you are not to deviate from the original plan.
6. Were he to carry out his threat, he would regret it all his life.
7. The staff has requested that they finish earlier on Fridays.
8. Were he less strict, the boss might comply with their wishes.

**Exercice E**

1. 'Let's begin right away, shall we? It's no use waiting.' 'Yes, let's.'
2. Don't make such a fuss; just tell me frankly what you want. You'd rather I sat in the front, wouldn't you?

3. Let's not invite him. He is apt to start talking politics with Tracy and then they'd get into a fight / they're liable to have a row.
4. Why leave so soon? In any case, we will have to wait for the car to be repaired, and the garage mechanic told us it wouldn't be ready before midday.
5. You shut up!
6. Tell him to phone me Thursday evening and I'll see what I can do for him. I can at least give him some advice if I can't help him financially.
7. Me apologise to him? You're joking!
8. Sit down, everyone.
9. Do sit down!
10. He has bought several books, namely *How to Keep Fit* and *Why Spend More*?

## 6. Révision

**Exercice B**

1. should have begun
2. can't have come
3. (should) relieve
4. were
5. were; could / would be able to fix
6. heard
7. needn't have brought
8. might have held / should have held
9. must have known
10. hadn't been; would have got; would do better to send weren't; would get

**Exercice D**

1. You must have spent hours in the kitchen…
2. Didn't your friends say they would arrive late?
3. Can you play golf?
4. My husband may have cancelled his appointment…
5. You should have called to tell me…
6. You may borrow my dictionary…
7. I won't disturb you any longer.
8. … I shall never talk to you again.

**Exercice E**

1. Am I to understand that you were allowed to drink alcohol / spirits when you were children? You might / could have become alcoholics!
2. 'You did not have the right of way.' 'I may not have had the right of way / Maybe I didn't, but you were driving too fast.'
3. The party is being organised in your honour. You can't not come.
4. Frankly, he overdoes it. He could do with a good talking-to, couldn't he?
5. 'Don't worry, they're perfectly safe.' 'May God heed you!'

6. He could be a little more considerate of her.
7. Be careful / Take care / Mind, it can be very cold at this / that altitude in the winter.
8. He can be very nice, but also very curt / cutting.
9. From now on, I can no longer guarantee anything; anything can / could happen.
10. Strange as it may seem, he waited for them for over two hours.
11. He could have learnt Portuguese if he had wanted to. He spent three years in Brazil after he married Maria.

**Exercice F**

1. I'll do everything I can to help you, but I don't think I can / will be able to do much.
2. It is a live broadcast and a lot of viewers are likely to watch it.
3. There must be a way to repair this car. I think we had better ring the dealer we bought it from.
4. 'I had left my calculator at home.'
   'You might / should have told me; I could have lent you mine.'
5. 'You'd better / You ought to get some exercise and eat less.'
   'And you had better mind your own business.'
6. That must have cost a fortune!
7. What you need is a short-wave radio. Then you will be able to listen to the BBC World Service when you are over there.
8. She didn't have to tell him what she thought of his suggestion. He could tell just by looking at her face.
9. Why get up at 5 a.m.? The days are long in August, so we needn't leave / don't have to leave at dawn.
10. He was to leave for Los Angeles last Wednesday, but he always changes his mind at the last minute.
11. I'm getting tired. I could do with a few days' holiday.
12. The meeting may have begun on time, but we can't be too late: they haven't shut the doors yet.
13. You can't imagine the problems they have to face every day.
14. The wounded man was taken to hospital straight away, and the doctors were able to save him.

**Exercice H**

1. Let's stop chatting. We've got to get this work done before tonight.
2. Let's not look at them.
3. Why not tell him? He'll find out sooner or later. And I think you had better tell him yourself.
4. 'Shall we ring him up?' 'Yes, let's.'
5. May I say that I don't appreciate the way you have handled / are handling the negotiations.
6. Don't let her open the window. It's much too cold.
7. Did you like the mashed potatoes? Do have some more.

8. Let them do what they like, I couldn't care less. But then they mustn't / they can't expect me to repair their mischief.
9. How are we to tell if he is in earnest? He has already lied to us several times.
10. Why hurry? We have plenty of time. The meeting won't be starting for another half-hour.

# SECTION 4
# Noms et détermination

## 1. Types de noms

**Exercice B**

1. All their hypotheses are false.
2. Are you afraid of mice?
3. The thieves took everything.
4. Their lives are not in danger.
5. Few Harvard alumni remain unemployed.
6. What are your criteria for choosing applicants?
7. It is a disappearing species.
8. The sheep have eaten all the leaves.
9. The players' wives attended all the matches.
10. The cake was cut in two halves.

**Exercice E**

1. were / have been 2. they 3. This; is; it 4. have they 5. Mr; Mrs Smith / his wife 6. was 7. were; them 8. is; it 9. is; isn't it; them 10. their, their

**Exercice G**

1. What a party! I met an Irishman. He was playing the bagpipes when I arrived, and then he started telling stories. He spoke peculiar English.
2. The traffic is abominable tonight. The crossroads near the barracks was totally jammed.
3. 'What's in the news today?' 'President Finch thanked the Americans for reelecting him, then he went back to playing billiards.'
4. Mum, my jeans are dirty. Shall I put them in the washing-machine?
5. We visited Ireland last year. Bernard loved the beer, but / while the children particularly liked the sheep and the horses.
6. There isn't much furniture in this room. It reminds me of a prison cell.
7. I'm sure we'll have lovely weather.
8. 'What about your homework, Stephen?' – 'Don't worry, Mum, I did it at Kevin's this afternoon.'

## 2. Articles *A / AN, THE* et Ø

**Exercice A**

1. a; Ø; the; Ø
2. Ø; Ø; a; Ø; the; an
3. the; the; Ø; a; a; Ø; Ø

4. a; a; Ø
5. Ø; Ø; a; the
6. a; the; the
7. Ø; Ø; the; a
8. Ø; Ø; Ø; Ø; the; the

**Exercice C**

1. Man has lived on earth for millions of years.
2. Only the rich can afford to go on holiday there.
3. He wants his son to learn English, the violin and yoga.
4. On Sundays the banks are closed.
5. She has blue eyes and black hair.
6. I love the yellow of your shirt. And yet, I don't usually like yellow.
7. Your guests arrive on Sunday, don't they?
8. After lunch, we took a walk along the seashore.
9. Chess is not an easy game. I think you would do better to play scrabble. Maybe you'd learn spelling that way.

**Exercice D**

1. He listened to them with remarkable patience.
2. When he rang, we had been here / there for a good two hours.
3. He was elected president of the club.
4. One day, they made a fire in the clearing.
5. I would like to buy a travel bag. Have you got any with a shoulder strap?
6. Look, the trout costs ten pounds per kilo. Shall we buy some for a change?
7. In the evening, she works as a cashier in a supermarket.
8. 'What a fool! You gave me such a fright!' 'I did it on purpose, because you've got hiccups.'
9. Your idiot of a cousin thinks he can earn a living doing nothing.
10. You will have to change trains in Birmingham.

## 3. Les quantificateurs

**Exercice A**

1. *any* : il ne répond à aucune question ; *some* : il y a certaines questions auxquelles il refuse de répondre
2. *any* : valeur plutôt quantitative, au moins une ; *some* : valeur plutôt qualitative (avec dénombrable singulier), de quelle manière ?
3. *any* : il paraît inutile de continuer ; *some* : une quantité non nulle de leçons a été proposée, mais on doute de leur utilité
4. *any*
5. *any*
6. *any* : la date est indifférente ; *some* : fixons une date
7. *Some* et *any* : est-ce que je n'aurais pas tout rapporté ? ; *some* : celles qui manquent

8. *any* : demande d'explication : vous n'en portez jamais et je veux savoir pourquoi ; *some* : suggestion : et si vous mettiez des boucles d'oreille ?
9. *some*
10. *any*

**Exercice B**

'Could you pick up some [səm] fruit on the way home? I thought there was some [sʌm] left, but all I could find were some [səm] overripe bananas. I've asked some [səm] people in after the show, and I thought it would be nice if there were some [sʌm] sort of dessert to offer them.'
'Fruit? That's some [sʌm] dessert! Why don't you make some [sʌm] of those ginger biscuits of yours? We haven't had anything exotic for some [sʌm] time.'
'OK, but we'll need some [səm] fruit nevertheless. Some [sʌm] people don't like spicy sweets.'
'Well then make some [səm] *ou* [sʌm]* trifle with those bananas, in addition to the biscuits. That should be bland enough for queasy stomachs.'
'So you're suggesting some [səm] more work for me, are you? I've never heard so much quibbling over a tiny errand. Is there some [sʌm] reason for your *not* buying fruit?'

*forme réduite : *trifle* est un type d'aliment, cp. *some meat, some fruit* : une quantité non définie
forme pleine : *trifle* est dénombrable singulier (charlotte) ; une dont la nature n'est pas précisée

**Exercice D**

1. That day, it rained all morning.
2. All the petrol caught fire at once.
3. They took all the furniture with them.
4. The factory produces Christmas pudding all year long.
5. That brand is famous all over the world.
6. The festival takes place every other year / every two years.
7. Did you really read / Have you really read the whole dictionary?
8. All dictionaries make mistakes from time to time / now and then.
9. Look carefully at all the photographs / at each photo, and check all the details / every detail.
10. He lost all his hair after drinking some adulterated vodka.
11. I must get rid of all this rubbish.
12. I love all those kinds of music.
13. During the whole journey, he never stopped complaining / griping.
14. All the damage has been paid for.
15. Drink up (all) your milk.

**Exercice F**

1. Both their children have freckles and yet neither of them has red hair.
2. He has made two films, but I haven't seen either of them.

3. You can hold these scissors / this pair of scissors in either hand.
4. They were showing two films, but both were bad.
5. I met the president and the vice-president, but neither one gave me a satisfactory reply.
6. 'Do you prefer Irish or Scotch whisky?' 'Neither one.'
7. 'Do you want a red pencil or a black one?' 'Either one will do.'
8. The two shoes are not the same colour.

1. All their children have freckles, and yet none of them has red hair.
2. He has made three films, but I haven't seen any of them.
3. These scissors are for right-handed people.
4. They showed three films, none of which were any good.
5. I met the president and two vice-presidents, but none of them could give me a satisfactory reply.
6. 'Do you prefer whisky, gin or vodka?' 'I don't like any of them.'
7. 'Do you want a red pencil, a blue one or a black one?' 'Any one will do.'
8. The two shoes are not the same colour.

## 4. Les démonstratifs : *THIS* et *THAT*

**Exercice A**

1. Listen to this! … that fancy sports car… Isn't that something?
2. … that many friends, but those I have…
3. … a piece of that fabric… about this wide…
4. Look at those girls… The one in the brown cardigan…
5. '… than what there is in the encyclopedia.' [*that* possible, mais rare à l'oral] '… I really appreciate this.'
6. 'Isabel, this is my mother…' '… than those of my other friends!'
7. These last few months… I hope that those / the ones to come…
8. That house… the one she lived in…

## 5. Révision

**Exercice A**

1. a, Ø
2. some, the, the
3. Ø, the, Ø, Ø, Ø
4. The, the
5. much
6. Ø
7. Ø
8. any, Ø

**Exercice C**

1. b 2. c 3. b 4. a 5. c 6. b 7. b 8. b 9. c 10. c

**Exercice F**

1. None of them saw anything.
2. I did not see either / any of them. / I saw neither / none of them.
3. No one liked either film.
4. None of us liked either film / of the films.
5. Printing errors? No, I didn't notice any.
6. He doesn't drink any (kind of) alcohol.
7. No news ever reaches these / those remote areas.
8. There was not a trace / no trace of life anywhere.
9. I did not say anything, either.
10. Nothing ever changes.
11. No man will ever be able to understand anything about women.
12. They haven't got much money, nor ever (have) had.
13. He does not understand anything about it, and neither does anyone else.
14. Sometimes, there is no noise anywhere in town.
15. They did not say anything / said nothing to anyone.
16. No sensible person has ever believed that.
17. They have no furniture in their house.
18. They haven't got a CD player, but they play the piano.

# SECTION 5
# Modifieurs du nom

## 1. L'adjectif

**Exercice B**

1. a mischievous expression, a girlish giggle
2. a journalistic style, unreadable
3. their doubtful faces, apprehensive and worthless
4. Disposable nappies…, but washable ones are less harmful to the environment.
5. deceptive
6. so ladylike, felt enthusiastic
7. not considered cowardly, courageous and even heroic
8. Dependable friends
9. The tree's leafy branches would have been a good hiding-place if they hadn't been so thorny.

**Exercice F**

1. those empty green plastic bottles
2. unfamiliar narrow winding paths
3. a spacious paved outdoor court
4. his handsome slim boyish figure
5. a pathetic skinny little craving cat
6. that eager young Norwegian medical student
7. your last three thoroughly documented historical novels
8. each silky fragrant bright red rose

**Exercice G**

1. They have a three-storey(ed) house.
2. He brought home a four-pound fish.
3. The king was a heavy-handed ruler.
4. That is a breathtaking view.
5. It was a moss-covered stone wall.
6. That restaurant serves home-made pastry.
7. Geoffrey is well liked.
8. Today's is a fast-moving society.
9. He is taking a fully deserved holiday.
10. It is a twenty-yard-long fence.

## 2. Comparatifs et superlatifs

**Exercice A**

1. The carpet is as long as the table. / The carpet and the table are the same length.
2. There are twice as many chairs in the dining-room as in the sitting-room. / There are half as many chairs in the sitting-room as in the dining-room. / There are more chairs in the dining-room than in the sitting-room. / There are fewer chairs in the sitting-room than in the dining-room.
3. My radio cost twice as much as my brother's. / My brother's radio cost half as much as mine (did).
4. The concert lasted three times as long as the recital. / The concert lasted much longer than the recital.
5. Our new freezer is as wide as it is deep.
6. I meet more people in my present job than I did in my previous one. / I met fewer people in my former job than I do in my present one.
7. My boyfriend can swim four times as many lengths as I can / much farther than I can without stopping. / My boyfriend is a far better swimmer than I am.
8. I failed in as many subjects as I passed last term.
9. My son has phoned me less recently than my daughter. / My daughter has phoned me more recently than my son.
10. Alan wears the same size shoes as Christopher. / Alan and Christopher wear the same size shoes.

**Exercice C**

1. The older one gets, the more patient one becomes.
2. There is no quicker way (than this) to get to the centre of town.
3. The more detail you go into, the fewer papers you will be able to correct.
4. She felt all the more embarrassed as her parents were watching her.
5. That boy is just as capable as you are when it comes to mathematics.
6. There were far fewer mistakes than I had expected.
7. I have rarely taken a slower train than / a train as slow as the one I took from Glasgow to Aberdeen.
8. Sylvia's sister wears (even) more make-up than she does.
9. The more my aunt diets, the less weight she loses.
10. New York is about the same distance / as far from Los Angeles as from Lisbon.

**Exercice E**

1. (The) children spend twice as much time watching TV as doing their homework.
2. There are half as many good programmes on TV as there were last year.
3. Every week they show three hours more of variety shows on TV.
4. The more American serials I see, the less I feel like going to America.
5. According to the latest surveys, fewer and fewer people enjoy watching TV.

6. This is all the more surprising as more and more people have two or three TV sets in their homes.
7. The more you watch TV, the more useless things you will learn.
8. Documentaries are twice as interesting as serials, and yet the TV channels devote less and less money to them.

## 3. Constructions à plusieurs noms

**Exercice A**

1. the night nurse
2. next Saturday's performance
3. a Bertolucci film
4. a four-hour meeting
5. a jar of lemon marmalade
6. a bank manager
7. three days' leave of absence / a three-day leave of absence
8. the staff lounge
9. a student play
10. a sailor's uniform
11. the police investigation [un acte qui fait partie du travail de la police] / the police's investigation [un événement particulier, expression vraisemblablement suivie de *of* (*of the hold-up / of the building…*)]
12. a twinge of envy
13. your wife's handbag
14. Tim and Susan's children
15. children's books
16. a teapot

**Exercice D**

1. `goat's milk
2. 'glass `jar
3. 'mother's `necklace
4. `ladies' room
5. 'French `bread
6. `German class
7. `key rings
8. e'mergency oper`ation
9. `kidney operation
10. 'blacksmith's shop
11. 'neighbour's `garden
12. `bull's-eye

**Exercice E**

1. Those headaches of Mother's are beginning to worry me.
2. Our ox of a chairman has made another blunder.

3. He signed up for the contest, but he knows he hasn't a / the ghost of a chance.
4. We have invited a colleague of Sylvia's to our party.
5. My miser of a boss would never give me a paid holiday.
6. That story of Philip's can't possibly be true.
7. I'm afraid her guilt has been established beyond the shadow of a doubt.
8. What appeared to be a matter of routine has turned out to be a devil of a problem.
9. I don't think Karen will ever finish that thesis of hers.
10. You never know what to expect from that imp of a child.

**Exercice G**

1. I have to go back to the butcher's. I forgot to buy Francis's steak.
2. I rather like that singer's voice.
3. Let's take a few minutes' rest before the second half starts.
4. The Shakespeare play that they are studying this term is one of the masterpieces of English literature.
5. I've known him for two years. He's a friend of my brother-in-law's.
6. Our neighbours' children take the eight o'clock train every day.
7. I like your idea better than the boss's.
8. 'Are those things yours?' 'No, they're Emily's.'

**Exercice I**

1. He passed his exam after six months of hard work / after six months' intensive work.
2. Don't get discouraged. It's only another three hours' walk to the top.
3. The plane couldn't / was not able to take off. There was nearly a metre of snow on the runway.
4. It will cost you about two months' salary.
5. The maternity clinic was only a five-minute drive / (a) five minutes' drive from their house.
6. His landlord (had) turned him out with only two months' notice.
7. After twenty minutes of effort / After trying for twenty minutes, they were finally able to get the boat's motor started.
8. He had signed a six-month contract.
9. According to the experts, the tidal wave caused hundreds of thousands of dollars' worth of damage / the damage caused by the tidal wave amounts to hundreds of thousands of dollars.
10. There were five-metre-high waves / There were waves five metres high.

## 4. Révision

**Exercice A**

1. The ski slopes are only half-an-hour's drive away.
2. Angela came home with eight pounds' worth of oysters.

3. There is a magnificent six-foot-wide marble staircase in that hotel.
4. I read a lovely poem of Shelley's the other day.
5. My brothers' organisation of a tennis tournament turned out to be somewhat chaotic.
6. The fund-raising gala was held in a Tuscan villa.

**Exercice B**

1. 'Does Zelda earn more than I do?' 'She does not earn as much as you do, but she meets more interesting people.'
2. 'Yvonne has more clothes than Zelda has ever had.' 'And yet, Zelda is the better dressed.'
3. Yvonne has less jewelry because her parents were not as rich.
4. Money and jewelry are not the most important things in life.
5. Which is (the) more important: money or science?
6. 'Zelda's name is as silly as my grandmother's.' 'Oh, it's not the worst one I know.'
7. Fortunately, there is not as much furniture in my flat as (there is) in Yvonne's.
8. Today there hasn't been as much good news as Zelda had hoped.
9. I have never drunk such good champagne as the champagne Yvonne gave me that day.
10. 'It was the best champagne I had ever tasted.' 'But it's the same kind that I buy / as the kind I buy.'

**Exercice C**

1. They were offered three thousand dollars / dollars' compensation for the expenses brought about by the delay in work.
2. I watched the train come in, but there were no first-class carriages. It was a freight train / goods train.
3. With him it's absent-mindedness. I am sure he knows his multiplication tables and can do that kind of calculation.
4. Are you kidding me / having me on? That's a child's bicycle.
5. She shows a definite interest in fifteenth-century Italian painting.
6. Oscar Wilde stood up for the principle of art for art's sake.
7. 'Where did you buy this greetings card?' 'At the tobacconist's between the clothes shop and the savings bank.'
8. I can understand his desire for a calmer life.
9. 'Whose purse is this?' 'I think it's my brother's.'
10. The search for a general agreement should not let us forget the particular problem we have to face today.
11. She claims that her shoe polish is made entirely from bees' wax, so it is ecological.
12. Everyone noticed his absence from yesterday's meeting.

# SECTION 6
# Procédés de remplacement

## 1. Les pronoms

**Exercice B**

1. has; is; their
2. one; Ø/one; either one. Both of them
3. Is; All; is
4. her; the one
5. Every one; he/they; one
6. it/he; the; Its/His; her
7. They both; each other; fares; each one/both of them
8. no one/none; Some; the others

**Exercice D**

1. 'How many children have you got?' 'I've got three.'
2. 'Have you got some / any glue?' 'No, I haven't (got any).'
3. 'Have you got some / any matches?' 'No, I haven't (got any).'
4. 'Have you got a rubber?' 'No, I haven't (got one).'
5. 'Did you buy some milk?' 'I bought three litres.'
6. She collects MP3s of Britney Spears songs. She has two hundred of them.
7. There was a big cake on the table; I had a little of it.
8. I love fish but I never buy any.
9. I saw some matches in the kitchen.
10. There were cakes on the table; I ate a few (of them).
11. 'Have you got a red pencil?' 'No, but I've got a blue one.'
12. 'Have you got any red wine?' 'No, but I've got some white wine.'

**Exercice E**

1. Those pyjamas are made of silk. I'm very fond of them / attached to them.
2. What do you expect me to do about it?
3. 'Give my regards to your parents.' 'I will / I'll do that, thanks.'
4. I can't hold out any longer. I'm going to / I've got to ring him/her.
5. I know Norway well. I've been spending all my holidays there for the past ten years.
6. The news surprised us all. No one was expecting it.
7. 'While you're at it, why don't you change the bulb.' 'If you insist.'
8. The grocer looks honest, but you can't trust appearances / but I wouldn't bank on it. He's a regular thief.

## 2. Ellipse et remplacement

**Exercice A**

1. I plan to spend the weekend studying and so does my room-mate. / My room-mate and I plan to spend the weekend studying.
2. Our team scored more points at tonight's match than they did at last week's. Nevertheless, they won last week's and lost tonight's.
3. There were far more appalling sculptures than acceptable ones at the exhibition.
4. I think I'll go for a boat ride on the canals when I visit Amsterdam. I did that the last time I went there and enjoyed it immensely.
5. 'Didn't Rita say she was going to wash the car?' 'She did say she was, but she decided not to. She wants Alfred to wash it tomorrow.' 'He'd better!'
6. Why didn't you bring your CDs? You said you would, and everyone was counting on it. You really should have done, you know.

**Exercice D**

1. 'Has it been raining?' 'I don't think so.'
2. 'Is it cold out?' 'I'm afraid so.'
3. 'Have you got enough money?' 'I hope so.'
4. 'You promised me a rise.' 'That's not exactly what I said.'
5. 'Is his report ready?' 'I don't suppose so.' / 'I shouldn't think so.'
6. 'Peggy is going to get married…' … 'I didn't know.'
7. 'Has the post / mail arrived?' 'I think so.'
8. 'I've heard Peggy is getting married.' 'I don't believe it.'
9. One should eat lots of vegetables. The doctors say so.
10. 'Do you think the neo-conservative party will win the elections?' 'I hope not.'

## 3. Révision

**Exercice B**

1. She only drank half of it.
2. I eat greens every day. My mother forces me to.
3. I made muffins and gave them one each.
4. They can't help fighting each time they see each other / meet.
5. 'Do you like milk?' 'I do. I drink plenty.'
6. 'They get on quite well, don't they?' 'I doubt it.'
7. She's wondering whether/if she has enough cash left or if she'll have to get some from the ATM.
8. She gets up too late in the morning, so she has to get ready in a hurry / in double-quick time.
9. He's written so many books he can't remember the titles of them all.
10. They got married in Las Vegas; they go back there every summer.

# SECTION 7
# Agencement des termes

## 1. Les adverbes

### Exercice B

1. The messenger delivered his message promptly.
2. Luckily, the rabid fox was captured before it bit anyone.
3. July was unbearably hot.
4. The doctor patted the little boy on the cheek in a friendly manner.
5. They always talk about cars and football. / They talk almost exclusively about cars and football.
6. I know a social worker who visits everyone in her district weekly.
7. The town had changed completely in the ten years I had been away.
8. The drunken beggar gazed in a sickly fashion at the young woman who sat down next to him.
9. We will probably leave for the country the day after tomorrow.
10. A group of youngsters went skipping joyfully across the lawn.

## 2. Les compléments du verbe

### Exercice A

1. possible 2. possible 3. I may quarrel with John next time I see him. 4. possible 5. A bird flew over the house. 6. Possible dans le sens "ils étaient tous des buveurs invétérés" : ivrognes. Sinon, complément indispensable : They all drank at once / water. 7. Phyllis has knitted another scarf. 8. possible 9. Who has smoked my last cigarette? 10. possible 11. possible 12. Parsley grows everywhere.

### Exercice C

1, 4, 8, 9 : particule adverbiale
2, 3, 5, 6, 7, 10 : préposition

### Exercice D

1. We waited for the bus for half an hour, and finally / then in the end we left.
2. There are some songs no one ever listens to.
3. Do you remember the name of that Swedish actress?
4. What have you been looking at for the last ten minutes?
5. This is not the letter I have been waiting for, so I'll go on waiting.
6. You have not answered my question.
7. The coach said a few words to each player.

8. Explain the rules of the game to me. / Can/Could you explain... ?
9. Tell me about your problem.
10. I'm sorry, that customer did not give me his name.

**Exercice E**

1. The doctor explained the risks of a second operation to the patient.
2. Josephine asked her flat-mate for some advice.
3. The policeman is saying unpleasant things to a group of tourists.
4. The receptionist shows all new guests how to use the lift.
5. Mr and Mrs Hogg provided their children with everything they needed.
6. A number of passers-by offered the lame beggar a helping hand.
7. The art professor described his recent visit to Florence to his students.
8. A stealthy burglar robbed a number of my neighbours of their television sets.
9. Some silly youngsters have been stealing apples and pears from a poor street-peddlar.
10. Who supplied the prisoner with arms?

**Exercice G**

1. Have you paid for the repairs?
2. Have you paid the garage mechanic?
3. Have you paid the garage mechanic for the repairs?
4. What did you ask the garage mechanic? [Quelle question lui as-tu posée?] / What did you ask the garage mechanic for? [Qu'est-ce que tu voulais qu'il te donne?]
5. He asked the garage mechanic for a monkey wrench.
6. He paid £50 for the repairs.
7. She bought him a drink.

## 3. Ordre des constituants de la phrase

**Exercice B**

1. Scarcely had the curtain gone up when the audience burst into applause.
2. No sooner had the doctor fallen asleep than the phone rang.
3. What father wanted us to do this afternoon was clean the garage.
4. Such was the audience's enthusiasm that the orchestra played five encores.
5. This I am sure of : I shall always be able to count on my true friends.
6. Never could he have dreamt / did he dream that he would be awarded the highest distinctions.
7. It was Philip who spoke on behalf of the committee.
8. Only when it was completely dark did we begin to worry.
9. She smiled discreetly when he began to explain, as did everyone within hearing distance.
10. What he is clinging to is the idea that things are bound to improve some day.

**Exercice D**

1. Only when I saw your face did I understand how angry you were.
2. So deep had their friendship become that they could hardly bear to be apart.

3. At the top of the hill stood a majestic castle.
4. A confirmed bachelor that man is.
5. Total nonsense she's speaking. / What she is saying is total nonsense.
6. Funds are what we lack to finish the project. / It is funds that we lack to finish the project. / What we lack to finish the project is funds.
7. Whenever she forgets to take her pills, up goes her blood pressure.
8. I love that painting, but the artist's name I can never remember.
9. He enjoys all sports but swimming is the one he likes best / the one he likes best is swimming / but it's swimming he likes best.
10. Occasionally, they splurge on a fancy restaurant.

**Exercice E**

1. Rarely has a skiing season been so bad for our team.
2. He barely recognized his wife when he came to.
3. Little does she imagine what she is in for.
4. What you need is a camera with a flash, and a highly sensitive film.
5. Vincent was the first one to notice that there were spoons missing.
6. His progress was truly remarkable during that whole period.
7. What surprised me most was the ease with which he beat his opponent.
8. Under no circumstances are you to mention it to him.
9. His wife is a pain in the neck, isn't she?
10. I have never eaten such good mashed potatoes.
11. What he does best is peel potatoes.
12. So impatient was he to speak to his favourite actress that he jostled everybody.
13. What cost the most were the trousers.
14. It is in this very room that King Albert VIII met the President, and they spoke without an interpreter.

## 4. Le passif

**Exercice B**

1. My computer has been tampered with.
2. Salvador Dali is believed to have been slightly mad.
3. The suspect is being questioned about some earlier misdemeanours.
4. The matter will be gone into thoroughly before the final vote is taken.
5. People always want what cannot be obtained.
6. [Pas de passif sans changement de verbe : I am/was never allowed to drive my parents' car.]
7. The disappearance of the jewels could not be accounted for.
8. Emergency action is called for.
9. All unfamiliar words should be looked up and written down in your notebook.
10. My plants must be taken care of while I am away / Make sure my plants are taken care of while I'm away.

11. [Pas d'équivalent passif.]
12. Your last visit to our town is remembered by everyone.
13. He was always made fun of by his classmates because he was colour-blind.
14. Purchases must be paid for before they are picked up from the stockroom.
15. The management of the shop was completely taken over by the owner's sons.
16. I don't think his familiarity with the students can be held against him.
17. Manual lock-gates are going to be done away with in the near future.
18. He was denied entry to the manager's office.
19. The new assistant was asked not to wear such garish colours.
20. [On n'emploierait pas cette phrase à la forme passive.]

**Exercice D**

1. She was operated on on Thursday evening.
2. We hope that you were not too disturbed by all the noise our guests were making last night.
3. Last year he was awarded a medal.
4. Your hotel room will be paid for by the company, as will your plane ticket.
5. She is being interviewed for a job as an accountant.
6. That question should have been dealt with at the last meeting, at least that's what I've been / was told.
7. You were supposed to have had that work done by the end of last week. / The work was to be finished by the end of last week.
8. How much money was stolen from the drawer?
9. The scandal he was mixed up in / involved in will soon be in the headlines.
10. Over five thousand hamburgers were eaten during the festival.
11. Look, a block of flats is being built opposite the supermarket.
12. He needs to be reminded of his duties.
13. She is thought to have made a fortune dishonestly. / Her wealth is thought to have been gained dishonestly.
14. The security men have been issued with new walkie-talkies, which are much lighter than the old ones.

**Exercice G**

1. You know, there is always someone worse off than oneself, as they say.
2. Don't you say thank you any more? / Aren't you forgetting your manners?
3. Before Galileo, people used to think the earth was the centre of the universe.
4. He is not used to being looked down on.
5. You could answer when you are spoken to.
6. One should always carry one's driving licence with one. / You should always carry your driving licence with you.
7. OK / Come on, children, let's hurry it up a bit / let's get going.
8. Has an agreement been reached / Have they come to an agreement on social security?
9. The new marketing manager is said to be very strict.
10. I have had my windshield / windscreen wipers stolen. / My windshield / windscreen wipers have been pinched.

## 5. Révision

**Exercice B**

1. There is no computer in this office. Nor does there seem to be a calculator.
2. At the head of the demonstration, which began about ten minutes ago, march the union leaders.
3. If they were there yesterday, they probably stayed indoors, as the weather was foul.
4. Hardly had we arrived when they brought out sausage, goat's cheese and red wine to offer us a snack.
5. Here comes your sister.
6. He is a vegetarian, as were his father and mother.
7. There were some chips left. 'May I have a few more?' I asked.
8. I added another coat of paint to the outdoor woodwork, as well as to the metalwork.
9. The consequences will be all the worse if you don't act immediately.
10. It was at that time that most of the goldsmiths who made the city famous settled in the main street.
11. Only a miracle could save us from bankruptcy.
12. No doubt you would rather we booked a hotel for the evening you arrive.
13. Why doesn't he take out fire insurance, as you did?
14. There's Dave now, and he's double-parking. / There's Dave, about to double-park.
15. He has not yet given up playing the trombone as the people in his building would like him to.

**Exercice D**

1. Who did you borrow that jacket from?
2. Who lent you those jeans?
3. How much did you pay for those trousers?
4. Answer the questions.
5. The librarian suggested a book on the Middle Ages to them.
6. They asked the librarian for the book.
7. It's a book I bought from an antique dealer.
8. Someone stole several pieces of furniture from the antique dealer.
9. Who took my rubber (from me)?
10. Describe the book to me.

**Exercice E**

1. My question has not been answered.
2. 'Shall I help you choose, Madam?'
   'No thank you, I'm being taken care of / attended to.'
3. This item has not been selling well for some time.
4. He is said to belong to a sect. Do you think he does?
5. He gets invited out for lunch every day by someone or other.
6. 'You are speaking with your mouth full.' 'So what?' 'It isn't done.'

7. This sweatshirt is great. It doesn't wrinkle and it washes easily.
8. I am told I should let him fend for himself, but that is easier said than done.
9. Have they been notified that the meeting has been delayed / put off until later?
10. He pressed the button and the door opened slowly and silently.

# SECTION 8
# Subordonnées nominales

## 1. Subordonnées nominales à un mode personnel

**Exercice A**

1. It is a shame (that) they did not meet in London.
2. They have agreed that the elections are to take place next month.
3. I don't understand why everyone shouldn't / can't have a turn.
4. He admitted that he had expected more challenging competitors.
5. She takes it for granted that people will / should / Ø hear of her exploits.
6. It is my conviction that neither party can / will solve the unemployment problem.
7. It is amazing how uncooperative some people are / can be.
8. I wish we had time for a proper meal.
9. It has been confirmed that no boats will sail until Monday.
10. He made sure that each member wore / was wearing / would wear an identification badge.
11. He was not sure when the next meeting would be.
12. Try to find out if / whether the film will be broadcast on time.

**Exercice B**

1. He refused to follow the doctor's advice that he should get some rest.
2. I was upset by his remark that I hadn't made any progress.
3. The whole family agreed with Dad's suggestion that we all go to the beach.
4. All rejoiced in the President's announcement that the hostages would soon be released.
5. I was grateful for his reminder that I shouldn't forget to get a present for Mum's birthday.
6. Max ignored Millicent's insistence that he wasn't to smoke in the house / that he not smoke in the house.
7. We concurred with his complaint that the neighbours' children were unbearably noisy.
8. I couldn't help laughing at twelve-year-old Sally's objection that she was no longer a child.
9. The young audience shivered at Cruella's threat that she would get hold of the Dalmatian puppies somehow.
10. The Court listened to her testimony that the man had hit Mr Smith on the head with a bludgeon.

**Exercice D**

1. That you prefer to spend your time at the swimming pool is not a valid argument.

2. They insisted (that) we (should) send the bill to their home address.
3. I wonder when he will understand that his arrogance is absolutely insufferable.
4. It is crazy that he spends / should spend that much money on clothes!
5. That they should have put off complaining for so long is strange, to say the least.
6. It turns out that his trips to Tahiti were paid for by the TV channel Skyhigh.
7. When he asked me where his brother was, I thought he was joking.
8. She answered that she did not yet know when she would be leaving.
9. It is not surprising that he was / should have been shocked by what happened.
10. She denied the rumour that she was about to marry her sister's ex-husband.
11. I find it surprising that you did not ring / have not rung the doctor.
12. He predicted that the election would be very close.
13. It is absolutely essential that the first-aid equipment (should) be placed in an unlocked room.
14. I repeat that I am in no way mixed up in this scandal.
15. That he decided not to interfere in the end is in fact most likely.
16. I expect she'll pass the exam.

## 2. Subordonnées nominales à un mode impersonnel

**Exercice B**

1. The milkman was shocked to find the woman's body on the pavement early this morning.
2. She seems to have been hit on the head from behind.
3. Her boyfriend was the last person to see her alive.
4. It was not very wise of her to walk back home alone.
5. Haven't you found anyone to confirm the boyfriend's story?
6. It is necessary for her next of kin to be informed quickly.
7. If only there was more information (for us) to rely on!
8. It is advisable for everyone in the neighbourhood to be questioned again.

**Exercice C**

1. I was astonished to hear that he had left the country.
2. It would be preferable for you to tell him yourself.
3. It was very brave of him / He was very brave to dive into the waves to save the little girl.
4. It will not be easy to account for her insolent behaviour.
5. They were very pleased to be awarded the first prize.
6. Wasn't it careless of you to make the same mistake again?
7. That tiny mountain village is difficult to get to. [*It is difficult for people to get to that tiny mountain village* serait correct mais maladroit]
8. Cyril is likely to arrive before you do.

**Exercice E**

1. As a club member, you have the right / Being a member of the club gives you the right to park in this car park.
2. 'Who taught you to use this program?' 'You did. Don't you remember?'
3. He urged the people present to take out insurance against theft.
4. I want you to let go of that handle at once!
5. I'm delighted to hear that you have passed your driving test.
6. I hasten to inform you that your deposit will be refunded if the contract is cancelled /, should the contract be cancelled.
7. Let's wait for them to finish their dinner / finish eating. / Let's wait until they have finished…
8. He would like me to apologise to him, but I consider that it is up to him to apologise to me.
9. It would of course be preferable for them to set to work immediately.
10. There is nothing worse than for an adult to mistreat a child.
11. She asked for everyone to be ready / that everyone be ready by eight o'clock tomorrow morning.
12. I'd rather stay in your office than go out and wait in the rain.
13. He is anxious to avoid a conflict.
14. I can see no reason not to invite him/her.
15. He challenged his opponent to prove that he had received bribes.
16. I did not expect him to stop smoking so easily.

**Exercice G**

1. I'd rather avoid putting her out / hurting her feelings. Autre sens possible : I'd rather avoid crumpling / creasing it.
2. He admits (to) having received a large sum of money for his services.
3. I did not wish to interrupt the meeting, so I waited until the end to deliver this news.
4. The question is worth asking.
5. It must have been about 10 p.m. They saw three people go(ing) toward the window.
6. I suggest we wait / waiting for him here.
7. His stupid reply had the other pupils laughing / giggling / made the other pupils laugh.
8. Do you expect the manager himself to go to Singapore?
9. He began by commenting on the unemployment figures and then went on to explain that, in his view, the situation was bound to improve.
10. I appreciated your son's coming to meet me at the station with his Ferrari.
11. I would not swear to having met him before, but I may have.
12. Do excuse me for being so late.

## 3. Révision

**Exercice A**

1. It may be desirable for a few of you to wait here / that a few of you should wait here.

2. Does anyone mind the workers taking a break / if the workers take a break?
3. Father objects to my using his car.
4. The excursion will entail each person('s) paying a small fee.
5. Sarah reminded Bert to lock the doors.
6. Bert remembered Sarah pulling down the blinds.
7. Everyone expects the play to be a success / that the play will be a success.
8. We all hope the audience will be receptive.
9. The students wished they did not have to take exams.
10. Rebecca suggested that Paul (should) pick her up at the office.

**Exercice C**

1. The boss told us to wait here.
2. The boss wants us to wait here.
3. The boss said to wait / we must / were to wait.
4. I would like you to wait for me for a while.
5. The boss explained to the staff that he might be late so they would have to wait for him.
6. The boss reminded everyone that he might be late.

**Exercice E**

1. I wish it would be nice on the day of the wedding.
2. I hope it will be nice on the day of the wedding.
3. I wish it had been nice / I would have liked it to be nice on the day of the wedding.
4. I wish it had been nice on the day of the wedding.
5. I wouldn't want you to marry such a stupid man.
6. If only the bridegroom were as intelligent as he is handsome!
7. I don't think the newly-weds would like that sort of present.
8. I would love for someone to give / it if someone gave me that kind of a wedding present / a wedding present like that.

**Exercice H**

1. 'Do you know where Celia is?' 'Stop asking me questions.'
2. I'm sorry I forgot to answer your letter.
3. The question is not whether he will help us, but when he will be able to.
4. What annoyed him was all of us saying / that we all said he should have been nicer to his little sister.
5. I wish you had answered my e-mail.
6. I can't remember where I (could have) put that electricity bill.
7. He told me how disappointed he was in the committee members' reaction.
8. He told me he wished he had been there when we celebrated Kate's birthday.
9. She wanted to know / tried to find out what the government's standpoint would be / where the government would stand in case the negotiations failed / , were the negotiations to fail.
10. He admits that he made a mistake this time.

11. If he keeps making all that noise, I'll call the cops.
12. I wish you would stop making that unbearable noise.
13. The discussion was about how we should bring in / submit / introduce the project. / The discussion was about the best / right way to introduce the project.
14. I don't know how high that tree of yours will be. (It) depends how much you want to pay for it.
15. The thing/problem is that you didn't let us know / you should have let us know you were coming. / We wish you had told us / let us know you were coming.

**Exercice I**

1. He found it difficult to hide his disappointment, as did his wife / and so did his wife.
2. It would be best / The best thing to do would be to wait until there is a little less traffic.
3. What I suggested was that Cyril should begin peeling the potatoes.
4. It is important that the injured people should be taken / for the injured people to be taken to hospital as soon as possible.
5. Reducing aid to those countries will have a disastrous effect on their economic development. / It will be a disaster for the economic development of those countries to reduce aid to them.
6. All he did was (to) make sure the tap did not leak.
7. It would be a big mistake for / It would be very wrong of Simon to pay no attention to his wife's advice.
8. It is no use telling him. Whatever you say, he will have his own way.
9. It would be preferable for there to be some food in the fridge when they arrive. / There'd better be some food in the fridge when they arrive.
10. All he found were two odd shoes.

# SECTION 9
# Autres phrases complexes

## 1. Subordonnées adverbiales

**Exercice B**

1. As soon as / Once / When everyone had stopped talking, the professor began his lecture.
2. As soon as / Once everyone stops talking, the professor will begin his lecture.
3. I'll tell you about my plans as soon as they are definite. / I won't tell you about my plans until they are definite.
4. The cat moved stealthily across the room, without taking its eyes off the birdcage.
5. By the time my cousin arrives this evening, the other guests will have left.
6. Unless he finds a part-time job, he won't be able to continue his studies.
7. Providing you take the plant in in the winter, it will bloom every year.
8. Although he does not know how to swim, he enjoys an occasional dip in the pool.
9. Once I have assembled all the ingredients, I shall prepare the cake batter.
10. Because we drank and talked / Having drunk and talked until 2 a.m., we had a hard time getting up in the morning.
11. I'll give you a hand with the housework this morning so that we can go shopping this afternoon.
12. For fear of frightening / So as not to frighten / In order not to frighten the young children, he did not wear his Frankenstein costume in their presence.

**Exercice D**

1.a You may borrow my racket provided you bring it back before my tennis class tomorrow evening.
1.b You may keep my racket the whole time you need it, I've given up tennis.
2.a I don't like bagels whereas my sister loves them.
2.b When she was in New York, my sister learnt how to make bagels.
3.a He has been unable to carry anything heavy from the time when he broke his arm.
3.b Because he broke his arm, he mustn't carry anything heavy.
4.a My mother-in-law will fly rather than take the Eurostar.
4.b My mother-in-law will arrive before all our other guests.
5.a The phone started ringing the moment Captain Haddock got into his bath.
5.b Because no-one picked up the phone, Captain Haddock had to get out of the bath.

**Exercice E**

1. While / As Duncan lay on the sofa watching *Friends*, Sally was fixing the washing machine.
2. Duncan lay on the sofa watching *Friends* until Sally had fixed the washing machine.
3. As long as Sally was busy fixing the washing machine, Duncan remained on the sofa.
4. As soon as / The moment Sally had fixed the washing machine, Duncan said he was hungry.
5. Before Sally could say anything, he suggested she should prepare the dinner.
6. After Duncan had his dinner, he went upstairs while Sally was doing the washing-up.
7. By the time Sally had done the washing-up, Duncan had fallen asleep.
8. Once Duncan had fallen asleep, Sally packed up and left the house.

**Exercice F**

1. Ever since he found out that she was a good cook, he has been madly in love with her.
2. Hardly had he pressed the button when the door could be seen opening.
3. Would you mind drying these plates while I carry on clearing the table?
4. He left the newspaper where he had found it.
5. I'll wait as long as I have to.
6. He will get in touch with you unless he has decided to hire someone else.
7. As soon as he saw me he smiled at me.
8. He told us he would come and see us as soon as his car was repaired.
9. When he had finished repairing the toilet, they asked him to have a look at the TV set.
10. If he ever finds out, he'll be furious.
11. It may be some time before the drinking water supply system resumes / is back in order.
12. The more you try to persuade him, the more stubborn he will get, and the more certain he will be that he is right.

**Exercice I**

1. The bookshop is at least a kilometre from his house, so it will take him about a quarter of an hour to walk there.
2. Measures had been taken so that the President could meet / for the President to meet with the other chiefs of state.
3. This package will have to be sent off as soon as possible, so it arrives / in order for it to arrive in time for Christmas.
4. She got up at a quarter to six in order not to miss her train / so (that) she wouldn't miss her train.
5. He was so tired and in such need of sleep that he couldn't keep his eyes open.

6. I gave him your phone number so that he would be able to let you know as soon as the package arrived. Did he?
7. He told me I should always have a fire extinguisher in the house in case of fire.
8. For your plant to grow properly, you will need to give it a little fertilizer.
9. She never leaves any message, so that nobody calls her back / returns her calls.
10. I did not ring the bell, for fear of waking the baby / in order not to wake the baby.
11. She was so worried that she rang all the hospitals in town to find out if he had had an accident.
12. The notice is there for all to see.

**Exercice K**

1. As he spoke / While speaking, he examined the room closely, wondering how much the knick-knacks were worth.
2. As soon as I entered his office, I noticed that he seemed to be in a bad mood.
3. He panicked when he saw that the thieves were armed.
4. It is not by criticising him the way you do that you will help him make progress.
5. I would advise you not to slurp your soup when you go to the Windsors' for dinner, if you don't want Mrs Windsor looking askance at you.
6. I said jokingly that he would be late and that when he arrived he would begin by complaining about the heat, and that's just what he did.
7. He ran out of the building as though it were on fire.
8. When you learn a foreign language, you get to know the people who speak it a little.
9. When he got to the pier, he saw that the boat had already left.
10. While crossing the street right in front of her place, she got run over by a reckless driver.
11. He generally has a glass of orange juice when he wakes up in the morning, and then he goes to work without eating or drinking anything else.
12. He laughed a lot as he told us that story.

## 2. Propositions relatives

**Exercice B**

1. I opened the door to a man who walked in silently. / The man I opened the door to walked in silently.
2. We have been looking for a book that deals with whaling. / The book we have been looking for deals with whaling.
3. They plan to buy a house whose roof will have to be replaced. / The roof of the house they plan to buy will have to be replaced.
4. He walked off with a young girl he did not know at all. / He did not know the young girl he walked off with at all.

5. I entered a compartment where an elderly man was already sitting. / An elderly man was already sitting in the compartment I entered.
6. We are going to stay with friends in Surrey whose daughter has left home. / The daughter of the friends we are going to stay with in Surrey has left home.
7. She has published two short stories, both of which take place in Quebec. / The two short stories she has published both take place in Quebec.
8. They live in a penthouse which has a large terrace above it / above which there is a large terrace. / There is a large terrace above the penthouse they live in.
9. She showed us into a room, one wall of which was entirely lined with mirrors. / One wall of the room she showed us into / into which she showed us was entirely lined with mirrors.
10. I was brought up by my grandfather, who is entirely responsible for my education. / My grandfather, who brought me up, is entirely responsible for my education.
11. Everyone was laughing at a clown whose shoes were on backwards. / The clown everyone was laughing at had his shoes on backwards. / The shoes of the clown everyone was laughing at were on backwards.
12. Tears (that) she could do nothing about filled her eyes. / She could do nothing about the tears that / which filled her eyes.
13. Several beggars, two of whom were women, stood at the entrance to the church. / Two of the beggars who stood at the entrance to the church were women.
14. The first name on the list, which I believe is yours, is written in red. / I believe that the first name on the list, which is written in red, is yours.

**Exercice D**

1. The person I asked did not understand.
2. He has finally been granted the rise he was hoping for.
3. Aunt Zelda hates all the sorts / types of music her nephews listen to.
4. You ought to clean the tools you used.
5. The hunter missed the rabbit he was aiming at.
6. That dog only obeys the orders his master gives him.
7. That is not a problem I would like to deal with.
8. Tonight, all the people our guest has chosen are together for the programme.
9. What was the name of the king Victoria succeeded?
10. I really miss those old shoes I had to get rid of.

**Exercice F**

1. All that rubbish I threw away may be of use to someone someday.
2. Some people love to collect all those things other people don't want.
3. Sometimes, we keep things we are not sure are useful / which may not be useful, but you never know.
4. The things I desire most are too expensive for me.
5. Marcia is someone whose flat I am very envious of.

6. That flat, whose sitting-room is painted black, is on the eighteenth floor.
7. The sitting-room, one wall of which is all glass, looks like a luxurious cave.
8. Marcia has several old armchairs, one of which belonged to Queen Victoria.
9. The fact is that Marcia has several brothers who are architects, one of whom is very famous.
10. What I am very proud of is that Marcia, whose taste I admire so, thinks I'm a smart dresser.
11. None of the friends I am the closest to have as good taste as Marcia has.
12. Still, I am not sure I'd like to live in a flat with gilded ceilings.

## 3. La coordination et les corrélations

**Exercice B**

1. The village is completely isolated. It can be reached neither by train nor by the motorway.
2. He will make progress either by reading a lot or by speaking with the natives.
3. He smoked neither cigars nor cigarettes, but he sometimes smoked a pipe.
4. Either you obey, or you resign. It's up to you.
5. She likes neither blue nor black. She only likes light colours.
6. The company exports a lot, both to Europe and to Asia.
7. We shall go either to London or to the southern coast, but definitely not to Scotland.
8. The show should appeal both to children and adults.
9. Whether he sings or dances, he is equally bad.
10. Either you pay or you leave. The owner won't give credit.

## 4. Révision

**Exercice B**

1. Unless people have adequate protection, they won't be allowed to enter the danger zone.
2. I'll draw you a map in case you don't remember how to get to my house.
3. If it hadn't been for the air-bag in his car, he might have been badly injured in the collision.
4. Talented though she is, her recital met with little enthusiasm.
5. Provided you speak slowly and distinctly enough, the old man will be able to understand you.
6. Because she accepted the terms of the contract immediately, she was placed at the top of the list.
7. For fear of being overheard, Dennis spoke in a whisper.
8. Once the removers have brought in the piano, you can begin practising.
9. However many complaints you file, you will never make the management change their minds.
10. As soon as the dentist brought the drill to my mouth, tears came to my eyes.

**Exercice D**

1. They will never forget the day they met.
2. Don't ask me the reason why he happened to be there on that day.
3. The way it all started is very ordinary. / There's nothing unusual about the way it all started.
4. At the very moment that she gets into the room, everyone will start singing 'Happy birthday to you'.
5. The minute that you see her coming in, hide behind the armchairs.
6. The way he ran the shop did not please the general management. / The general management did not like the way he ran the shop.
7. The year (when) the first atomic bomb exploded stands out as / marks the beginning of a new era / a new age.
8. I love the way this author portrays the country.

Dépôt légal : avril 2007
IMPRIMÉ EN FRANCE

Achevé d'imprimer le 6 avril 2007
sur les presses de l'imprimerie « La Source d'Or »
63200 Marsat
Imprimeur n° 10091